Barbara Rias-Bucher

Spargel Kochbuch

Wenn der Frühling endlich ins Land zieht, ist auch auf unseren Märkten wieder Spargelzeit.

Barbara Rias-Bucher

Spargel Kochbuch

Die besten Rezepte

Fotos von Helga Florian

Weltbild

Inhalt

Spargel – Luxusgemüse für alle 6

Kleine Spargelkunde 8

Frisch am allerbesten 9

Beim Einkauf: Weiß, grün oder wild 9

Auf einen Blick – Tipps für Küche und Gesundheit 12

Perfekt gegart: Töpfe fürs Edelgemüse 12

Besonders einfach: Spargel schälen 13

Richtig schneiden 13

Für den Wintervorrat: Spargel einfrieren 14

Wellness von der Stange: Was im Spargel steckt 14

Spargel mit Begleitung 15

Das Beste aus der Spargelküche 16

Vorspeisen & Snacks 18
Suppen & Eintöpfe 30
Salate & Beilagen 40
Beliebte Klassiker 50
Feine neue Spargelküche 62

Über dieses Buch 78
Alle Rezepte von A bis Z 79
Verwendete Abkürzungen 80

Spargel – Luxusgemüse für alle

Spargel gehört zur Familie der »Liliaceae«, die so wundervolle Blumen wie Lilien und so gesunde Gewächse wie Zwiebeln und Knoblauch hervorbringt. Da steht er als Gemüse-Aristokrat mit kräftiger Heilwirkung in der Mitte. Sein botanischer Name »Asparagus officinalis« bedeutet, dass das amtliche Arzneibuch die Pflanze als Heilmittel anerkannt hat.
Bereits die Griechen und Römer der Antike kultivierten Spargel für Küche und Heilpraxis. Seit etwa 500 Jahren ist Grünspargel auch in Mitteleuropa bekannt. Aber erst vor 150 Jahren begann bei uns der gewerbsmäßige Anbau von weißem Spargel – und seither hat er sich vom kaum bezahlbaren Luxusgemüse zur gesunden Delikatesse für alle entwickelt.

Kleine Spargelkunde

Die Vorfahren unseres Gemüse-Spargels wuchsen ursprünglich auf sandigen Meeresdünen und in den Steppengebieten Vorderasiens. Dann wanderte der Spargel nach Nordafrika und Südeuropa: Spargel mag leichten, kargen Boden und gemäßigtes Klima.

Die Gattung »Asparagus« umfasst etwa 100 Arten – zum Teil sind es dornige Pflanzen, die sich meterlang über Felsen und Gebüsch ausbreiten. Die beiden wilden Verwandten unseres Spargels gedeihen auf felsigen, kalkhaltigen Böden bis zu 400 m Höhe. Sie gehören zu den Nutzpflanzen, die man lange Zeit einfach als willkommenes Frühlingsgemüse für die eigene Küche gesammelt, aber nicht verkauft hat. Eine Wildspargelart (*Asparagus tenuifolius Lam.*) wächst sehr häufig im gesamten Mittelmeerraum, die andere (*Asparagus acutifolius L.*) nur in den Gebirgsregionen von Frankreich, der Schweiz, Österreich, Norditalien und Bosnien. Diese Art kommt heute nur noch selten vor; sie war vermutlich das Luxusgemüse der alten Griechen, während man im antiken Rom beide Varianten kannte.

In japanischen Gärten wächst »Asparagus lucidus«, Zier- und Nutzpflanze zugleich, denn die gekochten Wurzelknollen werden als Gemüse zubereitet oder in Zucker eingekocht. Andere Spargelarten isst man gar nicht, nutzt sie aber: Mit dem zarten Grün von »Asparagus asparagoides« zum Beispiel werden romantische Schnittblumensträuße geschmückt. Übrigens: Nicht nur wegen seines Wohlgeschmacks und seiner Heilwirkung ist Spargel seit Menschengedenken so beliebt. Er gilt seit jeher auch als kräftiges Aphrodisiakum.

Ob als Suppe, Salat oder Hauptgericht: Spargel ist bei allen Genießern beliebt.

Frisch am allerbesten

Die Hauptsache beim Spargel ist Frische: Wenn Sie sich etwas Gutes tun wollen, holen Sie die Stangen direkt vom Spargelbauern in Ihre Küche. In den Spargelregionen wird frühmorgens geerntet, und schon ab 9 Uhr kann man einkaufen. Das Spargelessen am selben Tag ist ein Hochgenuss.

Frische können Sie auch beim Händler erwarten, vor allem bei Bleichspargel, der nach deutschen Anbaugebieten ausgewiesen ist (→ Kasten Seite 10): Erntefrische Stangen sind prall und brechen, wenn man sie biegt. Beim Aneinanderreiben »quietschen« sie deutlich hörbar. Die Schnittflächen müssen glatt sein und beim Eindrücken Saft abgeben. Gegart schmeckt wirklich frischer Spargel wunderbar herzhaft und eine Spur bitter. Um diese natürlichen Bitterstoffe für den Gaumen im Zaum zu halten, braucht das Kochwasser eine gute Prise Zucker.

So erkennen Sie Qualität

- Stangen prall und fest
- brechen beim Biegen ab und sind nicht elastisch
- quietschen beim Aneinanderreiben
- Schnittflächen glatt und saftig
- Schuppen am Köpfchen geschlossen

Beim Einkauf: Weiß, grün oder wild

Spargelstangen sind Sprosse, wie wir sie von vielen Pflanzen kennen: Überlagerte Zwiebeln treiben sie als grüne Röhren, der Kopf des Wirsings ist ein mächtiger Spross ebenso wie der Chicorée. Beim Spargel entwickelt sich der Spross unterirdisch: Aus dem Wurzelstock (Rhizom), der mit dichten Wurzelfasern im Erdreich verankert ist, wachsen im Frühling mehr oder weniger dicke Sprosse nach oben. Solange sie unter der Erde treiben, bleiben sie rein weiß.

In Deutschlands Anbaugebieten wird der Spargel dann sofort »gestochen«: Leichte Risse in der Erdkruste zeigen an, dass der Spargelkopf die Erde des Spargelbeetes schon leicht anhebt; die Stangen sind dann 17 bis 22 Zentimeter lang.

Sobald die Spargelspitze aus dem Erdwall des Beetes lugt und Sonnenlicht bekommt, verfärbt sie sich – diesen weißen Spargel mit violettem Köpfchen mögen Franzosen und Schweizer am liebsten. Lässt man die Sprosse auf den Hügelbeeten nun oberirdisch weiter wachsen, bilden sie Chlorophyll – die Köpfe bleiben violett, die Stangen färben sich grün.

Einheimische Produktion

Aus heimischem Anbau bekommen Sie weißen Spargel je nach Witterung von Mitte/Ende April bis spätestens 24. Juni: Am Tag des heiligen Johannes ist traditionell Schluss mit dem Spargelstechen, damit die Pflanzen eine ausreichende Erholungszeit bis zur nächsten Spargelsaison haben. Nur von Spargelbeeten, die für neue Pflanzungen geräumt werden, erntet man noch nach dem Johannitag – allerdings vorwiegend Grünspargel. Ab Herbst kommt dann Spargel aus Übersee auf den Markt (→ Kasten Seite 11).

Die wichtigsten deutschen Spargelregionen

Baden-Württemberg
Schwetzingen, Bruchsal, Karlsruhe

Bayern
Schrobenhausen, Bamberg, Fürth

Hessen
Darmstadt, Groß-Gerau

Rheinland-Pfalz
Landau, Schifferstadt, Ingelheim

Niedersachsen
Braunschweig, Lüneburg, Wolfenbüttel

Mark Brandenburg
Beelitz

Wichtig: Besuchen Sie nicht nur die Spargelbauern in den genannten Orten, sondern erkunden Sie möglichst die gesamte Region. Abseits der typischen Spargelroute ist das Gemüse genauso frisch und gut, oft sogar etwas preiswerter. Wo es Spargel frisch gibt, ist an der Straße deutlich sichtbar mit Wegweisern angeschrieben.

Grün und wild

Durchgehend grüne Stangen für den Verkauf wachsen bei voller Lichteinwirkung auf ebenen Beeten. Dieser Grünspargel ist besonders beliebt in Südeuropa und den USA. Bei uns galt er lange als kulinarische Notlösung und kam sehr preiswert aus Griechenland auf den Markt. Das ändert sich langsam, und selbst in den deutschen Anbaugebieten – traditionell auf weißen Bleichspargel spezialisiert – können Sie nun auch Grünspargel direkt ab Hof kaufen. Wildspargel dagegen bekommen Sie nur im Handel: auf großen Märkten, beim Gemüsehändler, in den Lebensmittelabteilungen großer Warenhäuser, in Feinkost- und Asienläden. Die zarten, hell- bis sattgrünen Stangen mit deutlich abgesetztem, schuppigem Kopf sind etwa so dick wie ein starker Schnittlauchhalm oder ein dünnes Zwiebelröhrchen. Anders als bei Kulturspargel schwankt die Länge zwischen 10 und 60 Zentimetern. Obwohl vorwiegend als »Thaispargel« angeboten, haben die Stangen mit Thailand nur insofern zu tun, als sie sich wie kleine Maiskölbchen und dünne Keniabohnen wunderbar fürs kurze Garen im Wok eignen: Sie schmecken wie Grünspargel – nur eine Spur herzhafter und angenehm herb mit leicht bitterem Aroma. Aufgrund der großen Nachfrage wird als Wildspargel auch dünner Grünspargel oder verwilderter Kulturspargel verkauft: entweder ab Mitte Juni von heimischen Spargelbeeten, die für neue Pflanzungen geräumt werden, oder bereits zur »normalen« Spargelzeit im April und Mai aus Südfrankreich. Im Départemant Vaucluse um die Stadt Cavaillon und der Weinregion Luberon erntet man auch halb wilden Spargel: Die Pflanzen auf den normalen Spargelfeldern können Samen bilden, die sich in den Tälern verbreiten und so ständig für »Nachwuchs« sorgen.

Beim Einkauf beachten:

- Teilweise geöffnete Schuppen am Spargelkopf deuten auf Überlagerung hin.
- Stangen, die sich zum Ende hin verjüngen, sind holzig.
- Sehr dünne weiße Stangen stammen gewöhnlich von alten Pflanzen.
- Grünspargel mit ganz besonders dünnen Stangen ist zu spät geerntet worden.

Wann ist Spargelzeit?

Land	von	bis
Argentinien	Oktober	Dezember
Chile	Anfang September	Mitte Dezember
Deutschland	Mitte April	24. Juni
Frankreich	Mitte März	Mitte Juni
Griechenland	März	Mai
Holland	Mai	Juni
Italien	April	Mai
Polen	Mai	Juni
Spanien	Ende Februar	Anfang Juni
Ungarn	Anfang Mai	Anfang Juni
USA	März	Mai

Auf einen Blick – Tipps für Küche und Gesundheit

»Denke daran, dass der Spargel knacken muss, wenn man darauf beißt, und seine grüne Farbe behalten soll, weil er sonst nur faserig ist … Wenn er sich leicht biegen lässt, ist er zerkocht, was sich nicht schickt und den Geschmack beleidigt.« Diese Empfehlung eines anonym gebliebenen Franzosen aus dem Jahre 1674 ist auch heute gültig. Denn: Bissfester Spargel hat noch all die guten Inhaltsstoffe, die das feine Gemüse auch für unser Wohlbefinden so außerordentlich wertvoll machen.

Grüner und weißer Spargel ist inzwischen gleichermaßen bekannt – auch gemischt ein Genuss.

Perfekt gegart: Töpfe fürs Edelgemüse

Viele eignen sich bestens: die länglichen Bräter, die man auch für Fisch verwendet, oder die hohen Spaghetti-Töpfe. Für Spargel aus dem Ofen nehmen Sie eine Gratinform, bei größeren Mengen die tiefe Fettpfanne. Gebratener Spargel gelingt in der Pfanne genauso gut wie im Wok. Im Spargeltopf mit Siebeinsatz garen die Stangen stehend. Vorteil dabei: Die Köpfe ragen aus dem Sud und bleiben knackig.

Und so wird's gemacht: Den Topf mit ausreichend Wasser füllen, nach Wunsch auch Spargelschalen und -abschnitte zufügen. Das Wasser aufkochen. Nun den Dämpfeinsatz mit den Spargelstangen darüber stellen. Spargel zugedeckt bei mittlerer Hitze bissfest garen. Oder zuerst Schalen und Abschnitte 10 Minuten auskochen, dann abseihen und im Sud die Spargelstangen garen.

Besonders einfach: Spargel schälen

Geübte machen es mit einem kleinen scharfen Messer. Alle anderen besorgen sich einen speziellen Spargelschäler mit beweglicher Klinge, der sich auf die Beschaffenheit der Stange einstellt und gerade so viel Schale abschneidet, dass der Spargel zart und ohne Fasern ist. Man bekommt diese praktischen Pendelschäler sehr preiswert im Haushaltswarengeschäft, meist auch beim Gemüsehändler oder Spargelbauern. Grüner Spargel wird nur im unteren Drittel der Stangen geschält.

Richtig schneiden

In der neuen Spargelküche gibt es nicht nur die ganzen Stangen. Oft werden sie auch zerkleinert. Hier finden Sie die wichtigsten Schnitte.

Mundgerechte Stücke für Gemüse und Auflauf

Den Spargel waschen, schälen und eventuell holzige Enden entfernen. Die Köpfe abschneiden und beiseite legen. Die Stangen je nach Rezept in Stücke schneiden und vorgaren, dann erst die Spargelköpfe zugeben, damit sie schön knackig bleiben.

Spargel richtig aufbewahren

Frischen Spargel höchstens drei Tage in ein feuchtes Tuch gewickelt im Kühlschrank lagern. Geschälter Spargel kann einige Stunden in einem feuchten Tuch aufbewahrt werden.

Raspeln für Salat und Rohkost

Sie brauchen dicke Stangen und eine scharfe Rohkostreibe, damit der Spargel sauber geschnitten wird und nicht bricht. Die Stangen wie gewohnt vorbereiten, die Köpfe abschneiden und beiseite legen. Stangen am unteren Ende beginnend auf der Reibe zerkleinern. Frischer Spargel gibt dabei reichlich Flüssigkeit ab. Deshalb am besten über einer Schüssel raspeln.

Schräg geschnitten für Rührei und Wok

Die Stärke der Stangen spielt hier keine Rolle; mit dicken Stangen sparen Sie allerdings Zeit und Arbeit. Den Spargel wie gewohnt vorbereiten, die Köpfe abschneiden und beiseite legen. Nun die Stangen mit einem scharfen Messer sehr schräg in möglichst dünne Scheiben schneiden.

Das steckt in 100 g Spargel	
Eiweiß	1,9 g
Fett	0,1 g
Kohlenhydrate	1,3 g
Ballaststoffe	1,5 g
Vitamin B1 (Thiamin)	0,14 mg
Vitamin B2 (Riboflavin)	0,16 mg
Vitamin B6	0,06 mg
Vitamin C	28 mg

Hauchdünn für Carpaccio

Dafür brauchen Sie ein sehr scharfes Messer mit dünner Klinge und dicke Spargelstangen, die Sie wie gewohnt vorbereiten. Jede Stange auf das Arbeitsbrett legen, am Kopf festhalten und nicht seitlich, sondern von oben – ähnlich wie Räucherlachs – aufschneiden. Das Messer dabei fast flach gegen die Spargelstange halten und lange, möglichst hauchdünne Scheiben schneiden. So entwickelt der rohe Spargel auch beim kurzen Marinieren das feinste Aroma.

Feine Streifen für Brötchen

Das geht mit dicken Stangen am besten: Den Spargel wie gewohnt vorbereiten, die Köpfe abschneiden und beiseite legen. Die Stangen in 3 bis 5 Zentimeter lange Stücke schneiden. Jedes Stück der Länge nach in dünne Scheiben, diese wiederum in feine Streifen schneiden.

Für den Wintervorrat: Spargel einfrieren

Die Stangen schälen, mit Küchengarn in Portionen bündeln und roh einfrieren. Wenn Sie die Stangen später vielleicht einzeln entnehmen wollen: nebeneinander auf eine Platte legen und vorfrieren. Sobald sie hart sind, in Gefrierbeutel verpacken.

Wellness von der Stange: Was im Spargel steckt

Die westliche Naturheilkunde empfiehlt das Gemüse für den »Körperputz« im Frühling: Wegen des hohen Gehalts an Kalium entwässert Spargel den Organismus. Saponine und Bitterstoffe pflegen den Darm und sorgen für eine gute Verdauung – die beste Methode, unser Immunsystem zu unterstützen. Spargel liefert reichlich Folsäure, ein Vitamin, das bei der üblichen Ernährung gewöhnlich zu kurz kommt. Dabei ist es ebenfalls sehr wichtig fürs Immunsystem und gesunde Adern. Vitamin C hilft der Leber beim Entgiften und der Schilddrüse bei der Produktion von Anti-Stress-Hormonen.

Die Traditionelle Chinesische Medizin (TCM) schätzt Spargel, weil er die Lebensenergie stärkt und den Körper entgiftet. Spargelsuppe mit Hähnchen (→ Seite 36) tut gut bei Abgeschlagenheit und Verdauungsbeschwerden infolge mangelnder Energie.

Spargel – schlanke Schlemmerei

Das Frühlingsgemüse hat nur wenige Kalorien: Nur etwa 70 enthält eine gute Portion Spargel von etwa 500 Gramm. Zum Vergleich: Mit einem halben Brathähnchen oder einer Currywurst vom Imbiss kommen Sie auf circa 400 Kalorien, mit einem normalen Steak von 180 Gramm auf knapp 300 Kalorien und mit einer Portion Pommes frites mit Tomatenketchup oder Mayonnaise auf rund 500 Kalorien.

Fitness flüssig: Spargelwasser

Den Spargelsud sollten Sie nicht weggießen: Er enthält gelöste Vitamine, Mineralstoffe und andere Substanzen, die Ihre Frühlings-Spargelkur unterstützen. Deshalb frisch und möglichst noch lauwarm trinken – so schmeckt er am besten. Oder für das nächste Spargelessen verwenden: Rezepte für Suppen und Saucen mit dem Spargelwasser finden Sie in diesem Buch genug. Wie Fleischbrühe kann man den Sud auch gut einfrieren.

Spargel mit Begleitung

Traditionell werden zum Spargel so genannte neue Kartoffeln gegessen, die gerade zur Spargelzeit auf den Markt kommen und die »alten« Kartoffeln aus der Vorjahresernte ablösen. In vielen Spargelregionen sind aber ganz andere Begleiter zum Spargel Tradition, nämlich Pfannkuchen, Eierfleckerl oder Strübli (→ Seite 60/61).
Für Spargel mit Schinken rechnet man pro Portion etwa 70 Gramm stark aromatischen Schinken – hauchdünn geschnitten – oder 150 Gramm milden Schinken in dickeren Scheiben. Die besten Sorten fürs edle Spargelessen zu neuen Kartoffeln sind Parma aus Italien oder Serrano aus Spanien – beide roh mit Meersalz gewürzt, luftgetrocknet, lange gereift und sehr kräftig im Geschmack. Tiroler Bauernspeck oder Schwarzwälder Schinken passen zum deftigen Essen mit Eierfleckerl oder Strübli. Diese Pökelschinken mit festem Fleisch und kerniger Speckschicht schmecken ausgeprägt nach Gewürzen, der geräucherte Schwarzwälder auch angenehm nach Rauch.
Die neue Spargelküche verträgt sich am besten mit mildem Schinken, denn im Ofen gegart oder in der Pfanne gebraten hat das Gemüse viel Eigenaroma. Deshalb serviert man dazu Holsteiner Katenschinken oder auch Aoste oder Bayonne.

Das Beste aus der Spargelküche

Sie können die Klassiker wählen oder die neue Spargelküche ausprobieren, einen bunten Salat mischen oder mit einem heißen Süppchen dem nasskalten Aprilwetter trotzen. Sie können für das festliche Ostermenü eine appetitliche Vorspeise oder zum unkomplizierten Brunch einen guten Spargelkuchen servieren: Mit Spargel wird Ihre delikate Frühlingsküche noch einmal so gut, so vitaminreich und – so gesund. Alle Rezepte in diesem Buch sind für vier Personen berechnet, falls Sie keinen anderen Vermerk über den Zutaten finden.

Vorspeisen & Snacks

Leichtes Abendessen, Auftakt zum Menü oder Begleitung zum Wein – diese Rezepte sind vielfältig einsetzbar.

Eierkuchenröllchen mit Spargel ▶

Ausgefallen

Zutaten für 20 Stück

Für den Teig

100 g Mehl, 2 Eier
1/4 l Milch
Salz
Gemahlene Muskatnuss
1/4 TL Paprikaflocken
2 EL Öl zum Ausbacken

Für die Füllung

3 dicke Stangen weißer Spargel
1 TL Olivenöl
2 EL gemischte gehackte Kräuter (Petersilie, Estragon, Kresse)
Salz, Schwarzer Pfeffer
1 TL abgeriebene Zitronenschale
4 EL Schmant

Außerdem

1/4 Salatgurke zum Garnieren

1 Mehl mit Eiern und Milch verrühren. Den Teig mit Salz, Muskat und Paprikaflocken würzen und zugedeckt 30 Minuten quellen lassen.

2 Jeweils etwas Öl in einer großen beschichteten Pfanne erhitzen. Aus dem Teig nacheinander 5 Eierkuchen auf beiden Seiten goldbraun backen.

3 Für die Füllung den Spargel vorbereiten und schräg in feine Scheiben schneiden (→ Seite 13). Im heißen Öl bei mittlerer Hitze unter ständigem Wenden leicht braun braten. Mit den Kräutern, Salz, Pfeffer und Zitronenschale würzen und abkühlen lassen.

4 Die Eierkuchen nebeneinander auf der Arbeitsfläche ausbreiten, mit dem Schmant bestreichen und mit der Spargelmischung belegen.

5 Jeden Eierkuchen aufrollen und mit einem scharfen Messer in 4 Stücke schneiden. Jedes Stück auf einen Zahnstocher stecken.

6 Die Salatgurke schälen oder waschen und abtrocknen. In 20 Scheiben schneiden und als Garnierung auf die Eierkuchenröllchen stecken.

Zubereitungszeit 70 Minuten

Spargel-Frittata

Aus Italien

250 g Wildspargel oder dünne grüne Spargelstangen
1 Zweig frischer Salbei
30 g Pecorino oder Parmesan
1 EL Olivenöl
1 EL Mandelstifte
1 EL Butter
6 Eier
6 EL fettarme Milch
Salz
Cayennepfeffer
4 Kirschtomaten

1 Wildspargel waschen, grünen Spargel vorbereiten und in etwa daumenbreite Stücke schneiden (→ Seite 13). Salbei waschen, trockentupfen und die Blättchen abzupfen. Den Käse mit einem kleinen scharfen Messer oder einem Sparschäler in feine Späne schneiden.

2 Öl in einer großen Pfanne erhitzen. Die Mandelstifte darin bei schwacher Hitze unter Rühren goldbraun braten. Auf einen Teller geben und zum Bestreuen der Frittata beiseite legen.

3 Die Butter zum Bratöl in die Pfanne geben und bei schwacher Hitze schmelzen. Spargel und Salbei darin unter Rühren in etwa 5 Minuten ganz leicht bräunen.

4 Die Eier mit Milch, der halben Käsemenge, Salz und Cayennepfeffer vermischen. Über den Spargel gießen und zugedeckt bei schwacher Hitze etwa 5 Minuten braten, bis die Frittata an der Oberseite gestockt ist.

5 Die Frittata wenden und auf der Unterseite weitere 2 bis 3 Minuten backen. Auf einer vorgewärmten Platte anrichten und mit Mandelstiften und restlichem Käse bestreuen. Die Tomaten waschen, halbieren und die Frittata damit garnieren. Dazu passt helles Landbrot oder Ciabatta.

Zubereitungszeit 30 Minuten

Tipp

- Wildspargel muss man nicht schälen.

- Die Frittata zum Wenden mit dem Pfannenwender lösen, auf einen Teller gleiten lassen und einen zweiten Teller darüber decken. Das Ganze umdrehen und die Frittata wieder in die Pfanne schieben. Serviert wird sie entweder in Würfel oder wie eine Torte in Stücke geschnitten.

Rühreier mit Spargel und Kräutern

Einfach

200 g grüner Spargel
1 EL Olivenöl
4 Eier
2 TL Crème fraîche
2 EL gemischte gehackte Kräuter (Dill, Kerbel, Petersilie)
Salz
Schwarzer Pfeffer

1 Spargel vorbereiten und schräg in feine Scheiben schneiden (→ Seite 13). In einer beschichteten Pfanne im heißen Öl bei mittlerer Hitze unter ständigem Wenden leicht braun braten.

2 Die Eier mit Crème fraîche, Kräutern, Salz und gestoßenem oder gemahlenem Pfeffer verrühren.

3 Die Eier zum Spargel geben und bei schwacher Hitze stocken lassen, bis sie am Rand fest, in der Mitte aber noch flüssig sind. Nun vom Rand der Pfanne mit einem Spatel zusammenschieben und weiterbraten, bis sie ganz gestockt, aber noch feucht sind. Dazu passt lockeres französisches Landbrot oder italienische Ciabatta.

Zubereitungszeit 20 Minuten

Gefüllte Brötchen mit Spargelcreme

Einfach & pikant

4 Stangen grüner Spargel
1 Stück Salami (etwa 30 g)
1 Scheibe Greyerzer (etwa 20 g)
1 Tomate
1 EL gehacktes Basilikum
2 EL Remouladensauce (aus dem Glas)
Salz
Schwarzer Pfeffer
4 Milchbrötchen

1 Spargel vorbereiten und in feine Streifen schneiden (→ Seite 14). Salami, Käse und gewaschene Tomate klein würfeln.

2 Alle diese Zutaten mit Basilikum und Remouladensauce mischen und mit wenig Salz und einer guten Prise Pfeffer würzen.

3 Von den Brötchen an einem Ende einen möglichst kleinen »Deckel« abschneiden und die Krume herausholen. Die Spargelmischung in die Brötchen füllen, die Deckel wieder auflegen und leicht andrücken. Brötchen sofort servieren, damit sie nicht zu weich werden.

Zubereitungszeit 30 Minuten

Spargel-Crostini

Für Gäste

300 g grüner oder weißer Spargel
2 Knoblauchzehen
4 Blättchen frischer Salbei
1 EL Butter
2 EL Olivenöl
1 EL Zitronensaft
1 TL abgeriebene Zitronenschale
Salz, Pfeffer
4 EL Semmelbrösel
1 Ciabatta-Brot (500 g)
6 dünne Scheiben Fontina
2 EL gehackte Petersilie

1 Spargel vorbereiten und schräg in feine Scheiben schneiden (→ Seite 13). Knoblauchzehen abziehen, Salbei waschen und trockentupfen. Beide Zutaten fein zerkleinern.

2 Die Butter mit dem Olivenöl in einer Pfanne erhitzen. Spargel, Knoblauch und Salbei darin bei schwacher bis mittlerer Hitze unter Rühren etwa 5 Minuten dünsten. Mit Zitronensaft, Zitronenschale, Salz und Pfeffer würzen und in eine Schüssel geben. Die Semmelbrösel untermischen.

3 Das Brot schräg in zwölf Scheiben schneiden, auf ein Backblech legen und im vorgeheizten Backofen bei 220 °C (Umluft 200 °C, Gas Stufe 4) etwa 2 Minuten auf der Oberseite anrösten.

4 Herausnehmen, wenden und die Spargelmischung auf den ungerösteten Seiten verteilen. Die Käsescheiben halbieren, die Crostini damit belegen und wieder in den Backofen schieben. Etwa 5 Minuten überbacken, bis der Käse zu schmelzen beginnt. Er soll aber nicht bräunen. Mit der Petersilie bestreut sofort servieren.

Zubereitungszeit 50 Minuten

Tipp

■ Die Crostini schmecken auch mit Resten von gekochtem Spargel. Falls die Menge nicht reicht: mit gehacktem Blattspinat, geraspelten Zucchini oder Frühlingszwiebelröllchen mischen.

■ Italienischer Fontinakäse eignet sich zum Überbacken besonders gut, weil er so weich und fetthaltig ist, dass er im Ofen gut schmilzt, aber nicht hart wird. Alternativen – und leichter zu bekommen – sind Comtékäse aus Frankreich, Toast-Scheibletten oder bereits geriebener Gratinkäse aus der Supermarkt-Kühltheke.

Spargeltörtchen

Dekorativ

Zutaten für 8 Stück

4 Platten Blätterteig (TK, 300 g)
500 g weißer Spargel
2 EL Olivenöl
2 EL gemischte gehackte Kräuter (Thymian, Oregano, Salbei)
Salz, Weißer Pfeffer
50 g Feta (Schafskäse)
Außerdem
1 Scheibe Mortadella (etwa 20 g)
1 Fleischtomate
4 Blättchen Rucola

1 Blätterteigplatten nebeneinander legen und auftauen lassen. Spargel vorbereiten und in kleine Stücke schneiden (→ Seite 13). Die Köpfe beiseite legen.

2 Spargelstücke im heißen Öl bei mittlerer Hitze unter Wenden etwa 5 Minuten braten, bis sie leicht gebräunt sind. Spargelköpfe zugeben und etwa 2 Minuten weiterbraten.

3 Kräuter untermischen, Spargel mit Salz und Pfeffer würzen und im Bratöl abkühlen lassen.

4 Ein Backblech mit Backpapier auslegen. Die Blätterteigplatten halbieren, mit einer Gabel mehrmals einstechen und auf das Backblech legen.

5 Die Teigstücke mit der Spargelmischung belegen. Den Feta zerkrümeln und darauf verteilen.

6 Die Törtchen im vorgeheizten Backofen bei 220 °C (Umluft 200 °C, Gas Stufe 4–5) 10 bis 15 Minuten backen, bis sie leicht gebräunt sind.

7 Mortadella in kleine Würfel schneiden. Die Tomate waschen, abtrocknen und in kleine Stücke schneiden; dabei den grünen Stielansatz und die Kerne entfernen. Rucola fein zerkleinern. Alle drei Zutaten mischen und zum Servieren dekorativ auf den Törtchen verteilen.

Zubereitungszeit 75 Minuten

Tipp

Die passenden Kräuter gibt es entweder tiefgefroren (»Provenzalische Kräuter«) oder im Bund bei vielen Gemüsehändlern, die sie meist als »Kräuter für Lamm« anbieten. Das heißt nur, dass es sich um die im Rezept genannten Kräuter handelt, die ihr feinstes Aroma beim Backen, Braten und Schmoren entwickeln.

Spargelröllchen mit Lachs

Gelingt leicht

500 g grüner oder weißer Spargel
Salz, Zucker
1 Zitrone
3 EL Balsamessig
Schwarzer Pfeffer
3 EL gehackter Dill
3 EL Olivenöl
4 große Scheiben Räucherlachs

1 Spargel vorbereiten und in 1 Liter kochendem Wasser mit Salz und Zucker bissfest garen (→ Seite 13).

2 Die Stangen auf eine tiefe Platte legen. Eine Zitronenhälfte auspressen. Balsamessig, 1 Teelöffel Zitronensaft, Salz, Pfeffer, knapp 1 Schöpfkelle Spargelsud, 1 Esslöffel Dill und Öl mischen und über den Spargel gießen. Zugedeckt bei Zimmertemperatur 2 Stunden ziehen lassen.

3 Jede Lachsscheibe auf einem Portionsteller ausbreiten, mit Spargel belegen und aufrollen. Mit dem restlichen Dill bestreuen und mit der in Scheiben geschnittenen zweiten Zitronenhälfte garnieren.

Zubereitungszeit 30 Minuten
(ohne Marinierzeit)

Spargelcarpaccio mit Parmesan ▶

Würzig & dekorativ

12 dicke weiße Spargelstangen
3 EL Weißwein- oder Sherryessig
4 EL naturtrüber Apfelsaft
1 TL körniger Senf
Salz, Weißer Pfeffer
8 EL natives Olivenöl extra
4 Kirschtomaten
Etwa 30 g Parmesan

1 Spargel vorbereiten (→ Seite 13). Die Köpfe knapp abschneiden und mit einer Marinade aus Essig, Apfelsaft, Senf, Salz, Pfeffer und Öl mischen. Zugedeckt ziehen lassen, bis die anderen Zutaten vorbereitet sind.

2 Spargelstangen in hauchdünne Scheiben schneiden (→ Seite 14) und kreisförmig auf vier Portionstellern anrichten. Tomaten waschen, abtrocknen und halbieren.

3 Tomaten und Spargelköpfe dekorativ auf den Spargelscheiben anrichten.

4 Parmesan mit einem kleinen scharfen Messer in Späne schneiden und auf dem Carpaccio verteilen. Dazu passt lockeres italienisches Landbrot.

Zubereitungszeit 40 Minuten

Spargelflans mit bunter Kerbelsauce

Raffiniert

Zutaten für 8 Portionen

Für die Flans

250 g weißer Spargel
Salz, Zucker
1 TL Butter
8 Blatt weiße Gelatine
1 großes Ei
1 TL Zitronensaft
100 g Sahne
1 Msp. gemahlene Muskatnuss
Weißer Pfeffer
8 schöne Kerbelblättchen

Für die Sauce

2 Eier
1 kleine Möhre
1 Schalotte oder kleine Zwiebel
2 EL gehackter Kerbel
300 g Magerjogurt
2 EL Crème fraîche
Salz, Weißer Pfeffer

1 Spargel vorbereiten und in Stücke schneiden (→ Seite 13). 1/2 Liter Wasser mit Salz, Zucker und Butter aufkochen, Spargel zugeben und in etwa 20 Minuten sehr weich garen. Im Sud pürieren.

2 Die Gelatine in kaltem Wasser einweichen und ausdrücken. Im heißen Spargelpüree unter Rühren auflösen. Püree abkühlen und im Kühlschrank etwa so fest wie geschlagenen Jogurt werden lassen.

3 Inzwischen das Ei trennen. Zuerst das Eiweiß mit Zitronensaft, dann die Sahne steif schlagen.

4 Das Spargelpüree mit dem Eigelb verrühren. Eischnee und Schlagsahne mit einem Schneebesen unterziehen. Püree mit Muskatnuss und fein gemahlenem Pfeffer abschmecken.

5 Portionsförmchen mit kaltem Wasser ausspülen und in jedes Förmchen ein Kerbelblatt legen. Das Spargelpüree einfüllen und glatt streichen. Flans mindestens 5 Stunden kühlen, bis sie fest genug zum Stürzen sind.

6 Für die Sauce die Eier hart kochen und abkühlen lassen. Pellen und ebenso wie die geschälte Möhre und die abgezogene Schalotte fein zerkleinern. Alles mit Kerbel, Jogurt und Crème fraîche mischen und mit Salz und Pfeffer würzen.

7 Die Flan-Förmchen kurz in heißes Wasser tauchen, Flans auf Portionsteller stürzen. Jeweils einen Löffel Sauce neben die Flans setzen. Den Rest dazu servieren.

Zubereitungszeit 60 Minuten (ohne Kühlzeit)

Lachsmousse mit Wildspargel

Raffiniert

Für die Mousse
2 Blatt weiße Gelatine
150 g Räucherlachs
100 g Sahne
2 EL Gemüsebrühe (Instant)
Saft von 1/2 Zitrone
150 g Schmant
2 EL gehackter Kerbel oder Dill
Salz, Weißer Pfeffer
Für den Spargel
250 g Wildspargel oder grüner Spargel
2 EL Erdnussöl
4 EL Spargel- oder Gemüsebrühe (Instant)
Salz, Weißer Pfeffer
2 EL weißer Balsamessig
4 Zitronen- oder Limettenscheiben
1 EL gehackter Dill

1 Gelatine in kaltem Wasser einweichen. Inzwischen den Lachs in Stücke schneiden. Sahne steif schlagen.

2 Gemüsebrühe mit Zitronensaft erwärmen. Die gut ausgedrückte Gelatine darin auflösen. Schmant und Lachs untermischen und alles pürieren.

3 Das Püree in eine Schüssel geben. Mit einem Kochlöffel nach und nach die Schlagsahne unterheben. Kerbel oder Dill untermischen. Mousse mit Salz und Pfeffer abschmecken und zugedeckt etwa 5 Stunden kühlen.

4 Wildspargel waschen bzw. grünen Spargel vorbereiten (→ Seite 13). Öl in einer großen Pfanne erhitzen. Spargel darin bei mittlerer Hitze anbraten, dabei die Pfanne häufig rütteln, damit die Stangen gleichmäßig garen.

5 Brühe zufügen, Spargel mit Salz und Pfeffer würzen und zugedeckt bei schwacher Hitze bissfest garen. Mit der Brühe in eine tiefe Platte geben, mit dem Essig beträufeln und zugedeckt bei Zimmertemperatur abkühlen lassen.

6 Die Mousse mit einem in kaltes Wasser getauchten Esslöffel portionieren, auf Tellern anrichten und mit den Zitronenscheiben garnieren. Die Spargelstangen neben die Mousse legen und mit dem Dill bestreuen. Dazu passt Baguette.

Zubereitungszeit 50 Minuten (ohne Kühlzeit)

Marinierter Spargel mit Garnelen

Etwas teurer

Für den Spargel
500 g weißer Spargel
Salz, Zucker
2 EL Zitronensaft
Schwarzer Pfeffer
1 EL Olivenöl
Für die Garnelen
12 Riesengarnelen (frisch oder TK)
2 Knoblauchzehen
2 EL Zitronensaft
1 TL abgeriebene Zitronenschale
Cayennepfeffer
1 EL Olivenöl
1 TL Butter
Salz
1 EL gehackte Petersilie

1 Spargel vorbereiten und in 1 Liter sprudelnd kochendem Wasser mit Salz und Zucker bissfest garen (→ Seite 13).

2 Spargel in eine tiefe Platte legen. 1/8 Liter Spargelsud mit Zitronensaft, Pfeffer und Olivenöl mischen und darüber gießen. Spargel zugedeckt bei Zimmertemperatur 2 Stunden marinieren.

3 Inzwischen die Garnelen kalt abspülen und trockentupfen. Knoblauch abziehen und durch die Presse drücken. Mit Zitronensaft, Zitronenschale und einer kräftigen Prise Cayennepfeffer zu den Garnelen geben und alles mischen. Garnelen zugedeckt im Kühlschrank etwa 90 Minuten ziehen lassen.

4 Olivenöl und Butter in einer Pfanne erhitzen. Die Garnelen darin bei mittlerer Hitze etwa 3 Minuten braten, bis sie rosa sind. Dabei einmal wenden. Mit Salz würzen.

5 Mit dem Spargel auf vorgewärmten Portionstellern anrichten und mit der Petersilie bestreut servieren. Dazu passt französisches Landbrot.

Zubereitungszeit 45 Minuten (ohne Marinierzeit)

Tipp

Eine preiswerte Variante: Statt der Garnelen 4 dicker geschnittene Scheiben gekochten Schinken zusammenrollen und mit Zahnstochern feststecken. Mit Knoblauch, Zitronensaft und Zitronenschale im heißen Fett leicht bräunen. Heiß aus der Pfanne mit dem Spargel anrichten und mit beliebigen Kräutern bestreuen.

Spargelkuchen mit Lauchzwiebeln

Gelingt leicht

250 g grüner oder weißer Spargel
1 Bund Lauchzwiebeln
1 EL Öl
Salz
Cayennepfeffer
1 Msp. gemahlene Muskatnuss
1 Beutel Pizzateig (Fertigprodukt)
150 g Bergkäse
2 EL Schmant

1 Den Spargel vorbereiten und schräg in feine Scheiben schneiden (→ Seite 13). Die Lauchzwiebeln putzen, waschen und mit den zarten grünen Blättern in feine Röllchen schneiden.

2 Das Öl in einer beschichteten Pfanne erhitzen. Spargel und Zwiebelröllchen darin bei mittlerer Hitze etwa 2 Minuten unter Rühren schmoren. Mit Salz, Cayennepfeffer und Muskat kräftig würzen, aus der Pfanne nehmen und abkühlen lassen.

3 Inzwischen den Teig nach Packungsaufschrift mit 85 Millilitern Wasser zubereiten, kneten und eine Springform damit auskleiden (26 Zentimeter Durchmesser), dabei einen knapp fingerhohen Rand formen. Den Bergkäse fein reiben.

4 Die Spargelmischung mit Schmant und Käse verrühren und auf dem Teigboden verteilen.

5 Den Kuchen im vorgeheizten Backofen bei 220 °C (Umluft 200 °C, Gas Stufe 4–5) etwa 25 Minuten backen.

6 Spargelkuchen lauwarm oder gerade eben abgekühlt, jedenfalls aber ganz frisch servieren. Dazu passt Salat.

Zubereitungszeit 60 Minuten

Tipp

- Wenn Sie Pizzateig als Backmischung nicht bekommen, können Sie auch Hefeteig oder tiefgekühlten Blätterteig nehmen.

- Lauchzwiebeln sind für die Frühjahrskur so ideal wie Spargel: Ihr saftiges Grün liefert Magnesium, Eisen und Kalium zum Entwässern. Dazu sind die milden Zwiebelchen reich an Vitamin C, Beta-Karotin und Vitamin E, die als Schutz für die Zellen gelten. Wie alle Zwiebelgewächse schützen sie Herz und Gefäße und regen die Verdauung an.

Suppen & Eintöpfe

Von fein und leicht bis deftig und kräftig – hier findet garantiert jeder seine Lieblings-Spargelsuppe.

Bunter Spargeltopf ▶

Würzig & vitaminreich

300 g dicke weiße Spargelstangen
3 kleine fest kochende Kartoffeln
100 g Schalotten
100 g kleine Champignons
Saft von 1 Zitrone
4 kleine, spitze Artischocken
4 EL Olivenöl
1/2 l Spargelsud oder Gemüsebrühe (Instant)
1 ganz frisches Eigelb
Salz, Weißer Pfeffer
1 EL gehacktes Basilikum

1 Spargel vorbereiten und in fingerbreite Stücke schneiden, Spargelköpfe beiseite legen (→ Seite 13). Kartoffeln schälen, waschen und würfeln. Schalotten abziehen.

2 Pilze putzen und eventuell kurz waschen. Mit der halben Menge Zitronensaft mischen. Artischocken waschen, Stiele und äußere harte Blätter entfernen. Von den verbliebenen zarteren Blättern das obere Drittel abschneiden. Artischocken längs vierteln und mit dem restlichen Zitronensaft mischen.

3 Olivenöl in einem weiten Topf erhitzen. Pilze und Spargelköpfe darin bei starker Hitze rundherum anbraten, bis sie etwas braun werden, und wieder herausnehmen.

4 Spargelstücke, Kartoffeln, Schalotten und Artischocken im Bratöl unter Rühren etwa 2 Minuten kräftig schmoren. Spargelsud oder Brühe zugießen, alles aufkochen und zugedeckt bei mittlerer Hitze 10 Minuten garen.

5 Spargelköpfe und Pilze untermischen und erhitzen. Eventuell noch einige Minuten garen, bis das Gemüse gerade eben weich ist.

6 Etwas Sud vom Gemüse in ein Schälchen geben, das Eigelb damit verquirlen und in den Eintopf rühren. Den Spargeltopf mit Salz und Pfeffer abschmecken und mit Basilikum bestreuen.

Zubereitungszeit 40 Minuten

Frühlingsminestrone

Aus Italien

Zutaten für 5 Portionen

- *300 g grüner oder weißer Spargel*
- *100 g geräucherter Bauchspeck*
- *2 Knoblauchzehen*
- *300 g Spitzkohl*
- *2 fest kochende Kartoffeln*
- *2 kleine Möhren*
- *4 Lauchzwiebeln*
- *5 EL Olivenöl*
- *2 1/2 l Spargelsud oder Gemüsebrühe (Instant)*
- *100 g Erbsen (TK)*
- *100 g Parmesan*
- *100 g Nudeln (→ Tipp)*
- *Salz, Weißer Pfeffer*
- *Je 2 EL gehackte Petersilie und Schnittlauchröllchen*

1 Spargel vorbereiten und in Stücke schneiden, Spargelköpfe beiseite legen (→ Seite 13). Speck in dünne Streifen schneiden. Knoblauch fein hacken.

2 Spitzkohl waschen und grob zerkleinern. Kartoffeln und Möhren schälen, waschen und in kleine Würfel schneiden. Lauchzwiebeln putzen, waschen und mit den zarten grünen Blättern in fingerbreite Stücke schneiden.

3 Olivenöl in einem großen Topf erhitzen. Speck und Knoblauch darin bei schwacher Hitze glasig braten. Spargelstücke, Kohl, Kartoffeln und Möhren zugeben und alles unter Rühren etwa 1 Minute schmoren.

4 Sud oder Brühe zugießen, aufkochen und die Suppe zugedeckt bei schwacher Hitze 10 Minuten kochen lassen.

5 Spargelköpfe, Lauchzwiebeln und Erbsen zugeben, die Suppe erneut aufkochen und weitere 5 Minuten garen, bis das Gemüse bissfest ist.

6 Während das Gemüse kocht, den Parmesan reiben und die Nudeln nach Packungsaufschrift in reichlich Salzwasser bissfest garen. Die Nudeln abgießen, abtropfen lassen und heiß in die fertige Suppe geben. Alles kurz mischen. Die Suppe mit Salz und Pfeffer abschmecken. Mit Käse, Petersilie und Schnittlauch bestreut servieren.

Zubereitungszeit 60 Minuten

Tipp

In Italien kombiniert man Kartoffeln mit Nudeln: Am besten schmecken kurze kräftige Teigwaren wie Hörnchen, Spiralen oder Farfalle.

Spargelsuppe mit Maisgrieß

Dekorativ

400 g grüner und weißer Spargel (möglichst dicke grüne und dünne weiße Stangen)
200 g frischer Blattspinat
600 ml Spargelsud oder Gemüsebrühe (Instant)
1/4 l Milch
2 El Maisgrieß (Instant-Polenta)
Salz, Weißer Pfeffer
1 TL abgeriebene Zitronenschale
1 EL gehackter Kerbel

1 Spargel vorbereiten und in Stücke schneiden, Spargelköpfe beiseite legen (→ Seite 13). Spinat verlesen, gut waschen und grob zerkleinern.

2 Sud oder Brühe mit der Milch aufkochen und den Maisgrieß einrühren. Spargelstücke zugeben, erneut aufkochen und 10 Minuten garen.

3 Spargelköpfe und Spinat zugeben und weitere 3 Minuten kochen. Probieren Sie ein grünes und weißes Stück: Grüner Spargel ist schneller gar. Die Suppe mit Salz, Pfeffer und Zitronenschale würzen und mit dem Kerbel bestreut servieren.

Zubereitungszeit 30 Minuten

Cremesuppe mit Spargel

Ausgefallen

2 mehlig kochende Kartoffeln
1 l Spargelsud oder Gemüsebrühe (Instant)
5 Stangen grüner Spargel
1 kleine Zwiebel, 1 EL Öl
2 dünne Scheiben Weizenmischbrot
1 EL Schmant
1 EL Zitronensaft
Salz, Weißer Pfeffer

1 Kartoffeln schälen, waschen und würfeln. Mit Sud oder Brühe aufkochen und zugedeckt bei schwacher Hitze in etwa 20 Minuten sehr weich garen.

2 Spargel vorbereiten und in Stücke schneiden (→ Seite 13). Zwiebel abziehen und in dünne Ringe schneiden. Beides im heißen Öl etwa 10 Minuten schmoren, bis der Spargel bissfest und die Zwiebel goldgelb ist.

3 Brotscheiben toasten, halbieren und in vier Suppenteller legen. Spargel und Zwiebel darauf verteilen.

4 Die Suppe pürieren, Schmant untermischen. Mit Zitronensaft, Salz und Pfeffer abschmecken und in die Suppenteller gießen.

Zubereitungszeit 35 Minuten

Rote Spargelsuppe mit Speck

Würzig

300 g grüner Spargel
1 Scheibe Schwarzwälder Speck (etwa 40 g) oder geräucherter Bauchspeck
1 kleine Zwiebel
1 Knoblauchzehe
2 EL Öl
1 kleine Dose Pizzatomaten (400 g)
300 ml Spargelsud oder Gemüsebrühe (Instant)
Etwa 30 g junger Pecorino oder Parmesan
100 g Crème fraîche
Salz, Schwarzer Pfeffer
1 Prise Zucker
1 EL gehacktes Basilikum (frisch oder TK)

1 Spargel vorbereiten und in Stücke schneiden, Spargelköpfe beiseite legen (→ Seite 13). Speck in dünne Streifen schneiden. Zwiebel und Knoblauchzehe abziehen und beides fein hacken.

2 Zwiebel und Speck im heißen Öl bei schwacher Hitze unter häufigem Rühren glasig braten. Spargelstücke und Knoblauch zugeben. Alles bei mittlerer Hitze etwa 1 Minute weiterbraten und dabei leicht bräunen.

3 Tomaten und Spargelsud oder Gemüsebrühe zugeben, einmal kräftig aufkochen und zugedeckt 5 Minuten garen. Spargelköpfe untermischen, erneut aufkochen und in etwa 5 Minuten bissfest kochen.

4 Inzwischen den Käse mit einem kleinen Messer in möglichst dünne Späne schneiden.

5 Crème fraîche in die Suppe rühren und diese noch einmal erhitzen, aber nicht mehr aufkochen. Mit Salz, einer kräftigen Prise Pfeffer und Zucker abschmecken. Die Suppe in gut vorgewärmte tiefe Teller verteilen. Mit Käsespänen und gehacktem Basilikum bestreut sofort servieren.

Zubereitungszeit 50 Minuten

Tipp

Preiswerte frische Tomaten gibt es zur Spargelzeit noch nicht. Nehmen Sie deshalb Tomaten aus der Dose oder Packung, die immer vollreif geerntet werden, sehr aromatisch und reich an wichtigen Bioaktiv-Stoffen sind. Auch Tomatenmark stammt nur von reifen, roten Früchten.

Scharfe Spargelsuppe mit Kokoscreme

Aus Indonesien

200 g Wildspargel
100 g Rinderfilet
1 milde rote Chilischote
1 TL Speisestärke
1/4 l Spargelsud oder Fleischbrühe (Instant)
200 g Kokoscreme (Dose)
Saft von 1 Limette oder 1/2 Zitrone
Salz, 1 EL Erdnussöl
1 EL Schnittknoblauch- oder Schnittlauchröllchen (→ Tipp)

1 Wildspargel waschen und in 3 Zentimeter lange Stücke schneiden. Filet trockentupfen und in knapp fingerbreite Streifen schneiden. Chilischote halbieren, Trennwände und Kerne ganz oder teilweise entfernen. Schote waschen, trockentupfen und in hauchfeine Streifen schneiden.

2 Speisestärke mit 1 Esslöffel Wasser verrühren. Mit Sud oder Brühe und Kokoscreme in einen Topf geben und unter Rühren aufkochen, bis die Brühe bindet. Chili zugeben, die Suppe mit Limettensaft und Salz kräftig abschmecken und heiß halten.

3 Erdnussöl in einer großen beschichteten Pfanne erhitzen. Spargel und Fleisch darin bei starker Hitze unter ständigem Wenden etwa 1 Minute braun braten. Mit Salz würzen und in gut vorgewärmte Suppenteller oder Schälchen geben.

4 Die kochend heiße Suppe darüber gießen. Mit Schnittknoblauch bestreut sehr heiß servieren.

Zubereitungszeit 20 Minuten

Tipp

■ Die Chilischote behält mehr von ihrer Schärfe, wenn Sie nicht alle Trennwände und Kerne entfernen. Wollen Sie es weniger scharf, putzen Sie die Schote ganz gründlich.

■ Schnittknoblauch knofelt milder als Knoblauch, steuert das schöne Grün von Schnittlauch und die milde Schärfe von Schalotten bei. Die Blätter sehen aus wie die von Schnittlauch. Sie sind aber nicht röhrenförmig, sondern flach. Als Bundware bekommen Sie Schnittknoblauch das ganze Jahr über in Asienläden und auf großen Märkten.

Asiatische Spargelsuppe mit Huhn ▶

Aus China

300 g weißer Spargel
200 g junge Möhren
3 Lauchzwiebeln
100 g Hähnchenbrustfilet
1 l Spargelsud oder Hühnerbrühe
3 EL Sojasauce
50 g Glasnudeln
2 EL trockener Sherry
Salz
Cayennepfeffer

1 Spargel vorbereiten und schräg in knapp fingerbreite Stücke schneiden, Spargelköpfe beiseite legen (→ Seite 13). Möhren schälen, waschen und in dünne Stifte schneiden. Lauchzwiebeln putzen, waschen und mit den zarten grünen Blättern in sehr feine Röllchen schneiden. Das Hähnchenfleisch trockentupfen und in feine Streifen schneiden.

2 Sud oder Brühe mit der Sojasauce zum Kochen bringen. Spargelstücke und Möhren zugeben, erneut aufkochen und 5 Minuten bei mittlerer Hitze garen.

3 Spargelköpfe, Lauchzwiebeln und Fleisch zugeben, aufkochen und knapp 5 Minuten garen.

4 Inzwischen die Glasnudeln mit kochendem Wasser übergießen und kurz darin ziehen lassen, bis sie weich sind. Im Wasser mit einer Küchenschere zerkleinern und auf ein Sieb abgießen. Heiß in die Suppe geben und einige Male umrühren. Die Suppe mit Sherry, wenig Salz und Cayennepfeffer abschmecken.

Zubereitungszeit 30 Minuten

Tipp

Variante ohne Fleisch: Statt des Hähnchens eine Scheibe Tofu von etwa 150 Gramm trockentupfen und in knapp fingerbreite Streifen schneiden. In einer beschichteten Pfanne 2 Esslöffel Erdnussöl erhitzen. Die Tofustreifen nebeneinander ins Öl legen und bei schwacher Hitze in etwa 8 Minuten anbraten, bis sie goldgelb sind, dabei einmal wenden. Den Tofu mit 2 Esslöffeln Sojasauce und 1 Esslöffel Zitronensaft beträufeln und in Suppenschälchen geben. Die fertige Suppe darüber gießen. Mit Koriandergrün oder Petersilie bestreut sofort servieren.

萬

Spargeltopf mit Basmatireis und Filet

Etwas teurer

250 g Basmatireis
Salz
500 g grüner Spargel
2 Lauchzwiebeln
200 g Rinderfilet
2 EL Erdnussöl
4 EL Spargelsud oder Fleischbrühe (Instant)
100 g Sahne
Weißer Pfeffer
1 EL fein zerkleinertes Koriandergrün oder gehackte Petersilie

1 Reis nach Packungsaufschrift in Salzwasser bissfest garen. Inzwischen den Spargel vorbereiten und in fingerbreite Stücke schneiden (→ Seite 13). Lauchzwiebeln waschen, putzen und mit allen saftigen grünen Blättern in dünne Ringe schneiden. Filet trockentupfen und in Streifen schneiden.

2 In einer beschichteten Pfanne 1 Esslöffel Öl erhitzen. Spargelstücke und Zwiebelringe darin bei mittlerer Hitze zart braun anbraten. Sud oder Brühe zugeben und den Spargel zugedeckt 5 Minuten garen. Spargelköpfe zugeben und in etwa 5 Minuten bissfest garen. Mit der Sahne mischen und warm halten.

3 Restliches Öl in der Pfanne erhitzen und das Fleisch darin bei starker Hitze anbraten, bis es rundherum braun ist. Mit Salz und einer kräftigen Prise Pfeffer würzen.

4 Fleisch und Spargel unter den Reis mischen. Mit Koriander oder Petersilie bestreut sofort servieren.

Zubereitungszeit 40 Minuten

Tipp

Koriander gehört zu den vielseitigsten Gewürzen: Bei uns nimmt man vorwiegend die Samen zum Backen – als ganze Körner im Brot, gemahlen in Lebkuchen und Weihnachtsplätzchen. In der Mittelmeerküche, in Thailand und Mexiko würzt man auch mit dem frischen Grün, das Sie als Bund in Asiengeschäften oder als Pflänzchen im Gartencenter bekommen. Wichtig: Die zarten Blätter müssen Sie mit einem sehr scharfen Messer oder der Küchenschere ganz sauber schneiden, dann riecht und schmeckt das Kraut wunderbar würzig.

Schweinegulasch mit Spargel

Raffiniert

400 g Schweineschulter (ohne Knochen)
1 große Zwiebel
1 Knoblauchzehe
2 EL Butterschmalz
Salz
1/8 l Spargelsud oder Gemüsebrühe (Instant)
500 g grüner oder weißer Spargel
1 kleine Zucchini
1 EL Zitronensaft
Cayennepfeffer
100 g Feta (Schafskäse)
2 EL gemischte gehackte Kräuter (Kerbel, Dill, Zitronenmelisse)

1 Fleisch trockentupfen und in 2 bis 3 Zentimeter große Würfel schneiden. Zwiebel und Knoblauch abziehen und hacken.

2 In einer großen beschichteten Pfanne 1 Esslöffel Butterschmalz erhitzen. Das Fleisch darin bei starker Hitze rundherum anbraten, bis es gut gebräunt ist.

3 Zwiebel und Knoblauch im Bratfett bei schwacher Hitze glasig braten. Fleisch wieder zugeben, mit Salz würzen. Sud oder Brühe zufügen, aufkochen und das Fleisch bei schwacher Hitze zugedeckt in etwa 45 Minuten weich schmoren.

4 Inzwischen den Spargel vorbereiten und in Stücke schneiden, Spargelköpfe beiseite legen (→ Seite 13). Zucchini waschen, putzen und in Scheiben schneiden.

5 Spargelstücke zum Fleisch geben und 10 Minuten garen. Das restliche Butterschmalz in die Pfanne geben. Spargelköpfe und Zucchinischeiben darin 5 Minuten braten und dabei leicht bräunen.

6 Zum Fleisch geben und alles mischen. Mit Zitronensaft, Salz und einer kräftigen Prise Cayennepfeffer abschmecken. Mit dem zerkrümelten Feta und den Kräutern bestreuen und sofort servieren. Dazu passt lockeres Landbrot oder Vollkornbaguette.

Zubereitungszeit 70 Minuten

Tipp

Eventuell vorhandenes Fett am Fleisch abschneiden und darin die Fleischwürfel anbraten: So sparen Sie einen Löffel Butterschmalz.

Salate & Beilagen

Feine Spargelsalate und -beilagen veredeln jedes Hauptgericht. Wer's leicht mag, genießt sie auch gern solo.

Bunte Blattsalate mit Spargel ▶

Dekorativ

Für das Dressing
3 EL Zitronensaft
1 TL körniger Senf
1/2 TL Zucker
Salz
Weißer Pfeffer
100 ml natives Olivenöl extra
Für den Salat
3 dicke weiße Spargelstangen
1 kleiner Kopf Radicchio
Je 4 Blätter Römersalat und Löwenzahn
50 g Feldsalat
100 g kleine rosa oder weiße Champignonköpfe
2 EL gemischte gehackte Kräuter (Dill, Pimpinelle, Borretsch, Zitronenmelisse, Ananasminze)

1 Zitronensaft mit Senf, Zucker, Salz und einer kräftigen Prise Pfeffer verrühren. Olivenöl mit Schneebesen oder Gabel darunter schlagen.

2 Spargel vorbereiten und grob raspeln (→ Seite 13). Die Blattsalate putzen, waschen und trockenschleudern. Radicchio in mundgerechte Stücke zupfen, Römersalat und Löwenzahn in knapp fingerbreite Streifen schneiden. Feldsalat nicht zerkleinern. Champignons putzen und halbieren.

3 Alle diese Salatzutaten mit dem Dressing in einer Schüssel mischen. Auf Portionstellern anrichten und mit den Kräutern bestreuen. Dazu passen Baguettebrötchen mit Butter oder Hüttenkäse.

Zubereitungszeit 40 Minuten

Tipp

Zur Spargelzeit ist das Kräuterangebot sehr reichhaltig. Für Salate, also zum Rohessen, eignet sich jedes Kräutlein, das Sie gern mögen.

Grüner Spargelsalat mit Eiern

Gelingt leicht

4 Eier
4 Stangen grüner Spargel
100 g Eisbergsalat
1 Hand voll Kerbel
3 Tomaten
100 g saure Sahne
1 EL Schmant
1–2 TL Zitronensaft
1 TL scharfer Senf
Salz, Zitronen- oder Kräuterpfeffer
1 TL Öl

1 Eier hart kochen, schälen und grob hacken. Spargel vorbereiten und in feine Scheiben schneiden (→ Seite 13).

2 Eisbergsalat und Kerbel waschen und trockentupfen. Salat in Streifen schneiden, Kerbel fein zerkleinern. Tomaten waschen, vom Stielansatz befreien und würfeln.

3 Alle vorbereiteten Zutaten mischen und auf Portionstellern anrichten.

4 Saure Sahne, Schmant, Zitronensaft, Senf, Salz, Pfeffer und Öl verrühren und über den Salat träufeln.

Zubereitungszeit 20 Minuten

Spargelsalat mit Honigdressing

Ausgefallen

300 g grüner Spargel
1 kleine Knoblauchzehe
4 EL Erdnussöl
Salz
Weißer Pfeffer
4 EL Himbeeressig
1 TL flüssiger Honig
1–2 EL Schnittlauchröllchen

1 Spargel vorbereiten und schräg in fingerbreite Stücke schneiden (→ Seite 13). Knoblauch abziehen und sehr fein zerkleinern.

2 Öl in einer großen Pfanne erhitzen. Spargel und Knoblauch darin unter häufigem Rühren bei mittlerer Hitze in etwa 5 Minuten gerade eben bissfest garen.

3 Mit Salz und Pfeffer kräftig würzen und mit dem gesamten Bratöl in eine Schüssel geben. Heiß mit Essig und Honig mischen, auf Portionstellern anrichten und 10 Minuten ziehen lassen.

4 Zum Servieren mit grob gestoßenem Pfeffer nachwürzen und mit dem Schnittlauch bestreuen.

Zubereitungszeit 40 Minuten

Reissalat mit Spargel

Dekorativ

100 g Parboiled-Langkornreis
Salz
4 EL weißer Balsamessig
Zucker
150 g frischer Spinat
500 g grüner Spargel
2 kleine Möhren
2 EL Schnittlauchröllchen
2 EL natives Olivenöl extra
Pfeffer
Zitronensaft

1 Reis mit kaltem Wasser bedeckt in einen Topf geben. Salz zufügen, Reis aufkochen und zugedeckt bei schwacher Hitze in etwa 15 Minuten gerade eben bissfest garen.

2 Essig und eine gute Prise Zucker verrühren, bis sich der Zucker aufgelöst hat. Reis abgießen, mit dem Essig mischen und abkühlen lassen, bis er nur noch lauwarm ist.

3 Während der Reis kocht, den Spinat verlesen und mehrmals waschen. Spargel vorbereiten und in 1 Liter sprudelnd kochendem Wasser mit Salz und Zucker bissfest garen (→ Seite 12).

4 Spargel herausnehmen und in fingerbreite Stücke schneiden. Spinat ins kochende Spargelwasser geben und 1 Minute sprudelnd kochen. Mit einem Schaumlöffel herausnehmen, abtropfen lassen und grob zerkleinern. Möhren schälen, waschen und fein würfeln.

5 Spargel, Spinat und Möhren mit Reis, Schnittlauch und Öl mischen. Den Salat mit grob gestoßenem Pfeffer kräftig würzen. Bei Zimmertemperatur etwa 15 Minuten ziehen lassen. Eventuell mit Salz und Zitronensaft abschmecken und servieren.

Zubereitungszeit 45 Minuten (ohne Zeit zum Ziehen)

Tipp

- Reissalat nur mit wenig Salatsauce mischen und lieber noch ein Schälchen Extra-Dressing rühren, damit man beim Essen nachwürzen kann. Denn auch abgekühlter Reis nimmt noch Flüssigkeit auf und verliert dann seinen angenehmen Biss. Das gilt übrigens auch für Nudelsalat.

- Nehmen Sie für Spargel nur weißen Balsamessig, der dunkle würde den Spargel unschön verfärben.

Spargel-Kräuter-Salat mit Knusperkäsebrot

Delikat

Für den Salat
500 g weißer Spargel
Salz, Zucker
Je 1 Bund Dill und Brunnenkresse
1 Hand voll frischer Spinat
2 EL Schnittlauchröllchen
2 EL Honigessig
1 TL scharfer Senf
2 EL Olivenöl
Für die Brote
4 Scheiben italienisches Landbrot
2 EL Pesto (aus dem Glas)
200 g weicher Ziegenkäse (z.B. Chavroux, Crottin, Ziegenrolle oder Ziegencamembert)
1 TL grüne Pfefferkörner

1 Spargel vorbereiten und in 1 Liter sprudelnd kochendem Wasser mit Salz und Zucker bissfest garen (→ Seite 12). Auf Portionstellern anrichten und jede Portion mit 2 Esslöffeln heißem Spargelsud beträufeln. Abkühlen lassen, bis er nur noch lauwarm ist.

2 Kräuter und den Spinat verlesen, waschen und trockenschwenken. Alle harten Stiele entfernen. Dill fein hacken. Brunnenkresse und Spinat grob zerkleinern. Kräuter, Spinat und Schnittlauch auf dem Spargel verteilen.

3 Essig mit 4 Esslöffeln Spargelsud, Senf, Salz und Olivenöl verrühren. Über den Spargel träufeln.

4 Brotscheiben halbieren, toasten und dünn mit Pesto bestreichen. Ziegenkäse in Scheiben schneiden, die Brote damit belegen und mit dem zerdrückten grünen Pfeffer bestreuen.

Zubereitungszeit 50 Minuten

Tipp

Die Ziegenkäsebrote passen auch gut zu gekochtem Spargel – anstelle von neuen Kartoffeln als Beilage. Statt Ziegenkäse schmeckt auch Roquefort oder Gorgonzola, eventuell auf den Broten im heißen Backofen kurz gratiniert.

Spargelgemüse mit Zuckerschoten und Grünkern

Ausgefallen

100 g Grünkernkörner
300 ml Spargelsud oder Gemüsebrühe (Instant)
Salz, Weißer Pfeffer
500 g grüner Spargel
300 g Zuckerschoten
1 kleine Schalotte
1 EL Butter
2 EL Olivenöl
150 g Crème double
1 EL gemischte gehackte Kräuter (Dill, Minze, Zitronenmelisse)

1 Grünkern mit 250 Millilitern Spargelsud oder Brühe zum Kochen bringen und zugedeckt bei schwacher Hitze in etwa 45 Minuten weich garen. Mit Salz und Pfeffer kräftig würzen.

2 Während der Grünkern gart, den Spargel vorbereiten und in fingerbreite Stücke schneiden; die Spargelköpfe beiseite legen (→ Seite 13). Zuckerschoten waschen und putzen, Schalotte abziehen und fein zerkleinern.

3 Butter und Öl in einer großen Pfanne erhitzen. Schalotte und Spargelstücke darin kräftig anbraten, bis der Spargel leicht gebräunt ist.

4 Den Rest Spargelsud oder Brühe zugeben und den Spargel zugedeckt bei mittlerer bis schwacher Hitze 5 Minuten garen.

5 Spargelköpfe und Zuckerschoten zugeben und alles bei mittlerer Hitze in etwa 5 Minuten bissfest garen.

6 Das Gemüse mit Grünkern (einschließlich der verbliebenen Kochbrühe) und Crème double locker mischen. Mit den Kräutern bestreut servieren.

Zubereitungszeit 50 Minuten

Tipp

- Dieses feine Gemüsegericht passt zu kurz gebratenem Fleisch, Geflügel oder Fisch.

- Als Variante: Statt der Grünkernkörner 300 Gramm Parboiled-Langkorn- oder Basmatireis nach Packungsaufschrift garen und heiß mit dem fertigen Gemüse mischen.

Stampfkartoffeln mit Spargelspitzen

Ausgefallen

500 g mehlig kochende Kartoffeln
Salz
1/8 l Buttermilch
500 g Spargelspitzen
Zucker
1 EL Semmelbrösel
50 g Butter
1 EL gehackte Petersilie

1 Kartoffeln schälen, waschen und würfeln. Mit Salz und 1/8 Liter Wasser aufkochen und zugedeckt bei schwacher Hitze in etwa 15 Minuten weich kochen. Mit dem verbliebenen Kochwasser grob zerdrücken und dabei die Buttermilch untermischen.

2 Spargel vorbereiten und in 1 Liter sprudelnd kochendem Wasser mit Salz und Zucker bissfest garen (→ Seite 12). Mit einem Schaumlöffel herausnehmen und vorsichtig unter die Kartoffeln mischen.

3 Während Kartoffeln und Spargel garen, die Semmelbrösel in der heißen Butter goldgelb rösten. Auf den Stampfkartoffeln anrichten und mit Petersilie bestreuen.

Zubereitungszeit 30 Minuten

Spargel mit Basilikumsauce ▶

Pikant

1 kg weißer oder grüner Spargel
Salz, Zucker
100 g Parmesan
100–150 g Pesto (aus dem Glas)

1 Spargel vorbereiten, in fingerlange Stücke schneiden und in 1 Liter Wasser mit Salz und Zucker bissfest kochen (→ Seite 12/13). Parmesan reiben.

2 Spargel in tiefe Portionsteller geben. Auf jede Portion 1/2 Esslöffel Pesto setzen, mit etwa 1 Schöpfkelle Spargelsud übergießen und locker mischen. Mit jeweils 1 Löffel Parmesan bestreuen.

3 Übrigen Sud, restliches Pesto und Käse dazu servieren, damit sich jeder nach Wunsch bedienen kann.

Zubereitungszeit 30 Minuten

Tipp

Dieses schnelle Spargelgericht passt zu Schweinefilet oder Schinken und/oder neuen Kartoffeln.

Frühlingsgemüse

Einfach & vitaminreich

500 g grüner Spargel
250 g junge Möhren
250 g Keniabohnen (→ Tipp)
200 ml Spargelsud oder Gemüsebrühe (Instant)
1 Prise Zucker
1 Scheibe einer unbehandelten Zitrone
100 g Erbsen (TK)
1 EL Butter
1–2 EL gehackte Petersilie
Salz, Weißer Pfeffer

1 Spargel vorbereiten und in etwa fingerbreite Stücke schneiden, Spargelköpfe beiseite legen (→ Seite 13). Möhren schaben und waschen, das Grün bis auf ein kleines Büschelchen abschneiden. Keniabohnen waschen, Stiel- und Blütenansatz entfernen.

2 Spargelsud oder Gemüsebrühe mit Zucker und Zitronenscheibe aufkochen. Spargelstangen und Möhren darin einmal kräftig aufkochen und zugedeckt bei mittlerer Hitze in etwa 10 Minuten knapp gar kochen.

3 Spargelköpfe, Bohnen und gefrorene Erbsen zugeben, erneut aufkochen und das Gemüse in weiteren 3 bis 5 Minuten gerade eben bissfest kochen.

4 Mit Butter und Petersilie mischen, mit Salz und Pfeffer abschmecken und im Garsud anrichten.

Zubereitungszeit 40 Minuten

Tipp

- Dazu passen neue Kartoffeln oder Reis und gebratene Lammkoteletts.

- Keniabohnen bekommen Sie beim Gemüsehändler, in Feinkostläden und manchen Supermärkten. Die stricknadeldünnen, grünen Schoten schmecken feiner als »normale« grüne Bohnen, sind allerdings auch erheblich teurer. Zum Garen brauchen sie nur etwa ein Drittel der Zeit. Wie Wildspargel kann man sie auch gut im Wok braten.

Heiße Spargelsauce

Ausgefallen

200 g dicke weiße Spargelstangen
2 Zweige Estragon
1 EL Öl
1/8 l Gemüsebrühe
125 g Sahne
Salz, Schwarzer Pfeffer
1 EL Zitronensaft
1 EL Schnittlauchröllchen

1 Spargel vorbereiten und raspeln (→ Seite 13). Mit den abgezupften Estragonblättern im heißen Öl bei schwacher Hitze 5 Minuten dünsten. Nach und nach Gemüsebrühe und Sahne zugeben und dick einkochen.

2 Die Sauce mit Salz, Pfeffer und Zitronensaft würzen. Schnittlauch untermischen.

Zubereitungszeit 35 Minuten

Tipp

Diese Spargelsauce schmeckt als Nudelsauce, sie passt aber auch zu neuen Pellkartoffeln, Rösti, Schinken oder kurz gebratenem Fleisch.

Kalte Spargelsauce

Schlank & vitaminreich

300 g grüner Spargel
100 g Crème fraîche
1/8 l Spargelsud oder Gemüsebrühe (Instant)
3 Stücke getrocknete Tomaten
1 EL Magerjogurt
1 EL gehacktes Basilikum
Salz, Cayennepfeffer

1 Spargel vorbereiten (→ Seite 13). Roh mit Crème fraîche und Gemüsebrühe pürieren.

2 Die getrockneten Tomaten fein zerkleinern. Mit Jogurt und Basilikum unter das Püree mischen. Die Sauce mit wenig Salz und einer kräftigen Prise Cayennepfeffer abschmecken.

Zubereitungszeit 15 Minuten

Tipp

Diese schnell gerührte Sauce passt zu Stangenspargel mit neuen Pellkartoffeln, Schinken, kurz gebratenem Fleisch, Fisch und Garnelen oder als Dressing für Rohkostsalate.

Beliebte Klassiker

Ob mit Fleisch, Fisch, Saucen oder Beilagen wie Omelett und Rührei: Klassisches Spargelessen ist bewährt und beliebt.

Schaumomeletts mit Spargelgemüse ▶

Raffiniert

Zutaten für 2 Portionen

Für die Füllung

300 g grüner oder weißer Spargel
1 kleine Zwiebel
1/2 EL Butter
1 TL Öl
1 TL frische Thymianblättchen
100 g Sahne
1 EL Zitronensaft
Salz, Weißer Pfeffer

Für den Teig

4 Eier
1 TL Zitronensaft
2 gestrichene TL Speisestärke
Salz
3 EL Öl zum Backen

1 Spargel vorbereiten und sehr schräg in knapp fingerbreite Stücke schneiden, Spargelköpfe beiseite legen (→ Seite 13). Zwiebel abziehen und hacken.

2 Butter und Öl in einem weiten Topf erhitzen. Die Zwiebel darin bei mittlerer Hitze glasig braten. Spargelstücke und Thymian zugeben und unter ständigem Wenden kurz anbraten.

3 Sahne zugießen und bei starker Hitze unter Rühren dick einkochen. Spargelköpfe zugeben. Gemüse mit Zitronensaft, Salz und Pfeffer abschmecken und warm halten.

4 Eier trennen, Eiweiß mit Zitronensaft steif schlagen. Speisestärke mit Salz und 2 Esslöffeln Wasser glatt rühren. Eigelbe nacheinander untermischen. Eischnee unterziehen.

5 Die halbe Menge Öl in einer beschichteten Pfanne erhitzen. Die Hälfte des Teiges zugeben. Das Omelett zugedeckt bei schwacher Hitze 10 Minuten backen; Deckel nicht abheben, sonst fällt das Omelett zusammen.

6 Das Omelett wenden und auf der zweiten Seite 5 Minuten backen. Auf eine vorgewärmte Platte gleiten lassen, mit dem Spargel belegen, zusammenklappen und servieren.

Zubereitungszeit 45 Minuten

Großes Spargelessen mit Fleisch

Laden Sie Freunde ein, und verwöhnen Sie sie mit knackfrischem Spargel und feinen Fleischgerichten als perfekte Ergänzung. Mit neuen Pellkartoffeln, in Olivenöl mit frisch gehackten Kräutern geschwenkt, reichen beide Fleischgerichte und 4 Kilogramm Spargel für das große Spargelessen mit acht Personen. Für vier Personen kochen Sie nur ein Fleischgericht und nehmen 2 Kilogramm Spargel.

Weißer Stangenspargel

Grundrezept

2 kg weißer Spargel
Salz, Zucker

1 Die Spargelstangen kurz unter fließendem Wasser waschen und dabei auch die Spargelköpfe gut abspülen.

2 Zum Schälen jede Stange am Kopf fassen und mit dem unteren Ende auf das Handgelenk legen (Tipp 1). Den Schäler etwas unterhalb des Spargelkopfes ansetzen und nach unten führen. Harte Enden abschneiden (Tipp 2).

3 2 Liter Wasser mit Salz und Zucker in einem großen Topf oder einem ovalen Bräter aufkochen. Spargel zugeben, wieder zum Kochen bringen und zugedeckt bei mittlerer Hitze bissfest garen (Tipp 3).

4 Die Spargelstangen aus dem Sud nehmen (Tipp 4), auf einer sehr gut vorgewärmten Platte anrichten und heiß servieren (Tipp 5).

Zubereitungszeit 50 Minuten

Tipp

1 Vor allem erntefrischer Spargel braucht beim Schälen eine »Stütze«, damit die Stange nicht bricht.

2 Nach dem Schälen das Spargelende genau da abschneiden, wo Sie bei leichtem Druck mit der Messerklinge keinen Widerstand mehr spüren; dann haben Sie den holzigen Teil erwischt – bei frischen Stangen sind das nur wenige Millimeter, bei länger gelagerten ein oder mehr Zentimeter.

Geschnetzeltes mit Zitronensauce

400 Gramm Putenschnitzel in feine Streifen schneiden und in 2 Esslöffeln heißem Öl bei starker Hitze unter ständigem Wenden braun anbraten. Die angebratenen Putenstreifen herausnehmen und auf einem Teller beiseite stellen. Im Bratöl 1 fein gewürfelte Schalotte anschwitzen. 100 Gramm Crème fraîche und 100 Milliliter Spargelsud oder Geflügelfond (aus dem Glas) zugeben und einmal kräftig aufkochen. Unter Rühren cremig einkochen. Das Fleisch wieder untermischen und nur erhitzen, nicht kochen lassen. Mit Salz, Pfeffer, 1 Esslöffel Zitronensaft und abgeriebener Zitronenschale abschmecken. Mit 1 Esslöffel gehackter Petersilie bestreut in einer vorgewärmten Terrine zum Spargel servieren.

Schnitzel mit Weinsauce

8 kleine Kalbsschnitzel (je 80 Gramm) zwischen zwei Blätter Butterbrotpapier legen und mit dem Nudelholz darüber rollen, bis sie etwa doppelt so groß wie vorher sind. Mit grobem Pfeffer würzen und mit den abgezupften Blättern von 4 Zweigen glatter Petersilie belegen. 8 dünne Scheiben Westfälischen Schinken flach auf die Schnitzel drücken. Die andere Seite der Schnitzel hauchdünn mit Mehl bestreuen. 3 Esslöffel Olivenöl in einer großen Pfanne erhitzen. Die Schnitzel mit der Schinkenseite nach unten 2 Minuten braten. Wenden und weitere 2 bis 3 Minuten braten. Herausnehmen und warm halten. 1/8 Liter Weißwein in die Pfanne gießen und bei starker Hitze dickflüssig einkochen. Salzen und pfeffern.

3 Je frischer der Spargel, desto kürzer die Garzeit. Bei weißem Spargel liegt die Spanne zwischen 10 und 20 Minuten, bei grünem zwischen 7 und 15 Minuten. Wichtig: Der Sud muss immer sanft sprudeln. Zur Probe eine Stange mit einer Gabel herausheben: Biegt sie sich leicht durch, ist der Spargel gar.

4 Zum Herausnehmen und Servieren gibt es einen speziellen Spargelheber. Doch ein Salatbesteck, zwei große Löffel oder sogar die Spaghettizange eignen sich ebenso gut.

5 Frisch gehackte Kräuter, grober Pfeffer aus der Mühle und ein Stückchen zart schmelzende Butter auf dem heißen Spargel sehen schön aus und schmecken köstlich – selbst wenn Sie nur neue Kartoffeln zum feinen Frühlingsgemüse reichen.

Grüner Stangenspargel zu Fisch

Nehmen Sie fürs große Spargelessen doch einmal grünen Spargel statt der klassischen weißen Stangen. Und servieren Sie dazu Fisch – kulinarisch und optisch ein Hochgenuss! Mit neuen Pellkartoffeln und Salat reichen zwei unserer Fischrezepte und 4 Kilogramm Spargel für acht Genießer.

Grundrezept

2 kg grüner Spargel
Salz, Zucker

1 Spargel kurz unter fließendem Wasser waschen und dabei auch die Spargelköpfe gut abspülen.

2 Die Spargelstangen am »Kopf« fassen, auf dem Handgelenk abstützen und im unteren Drittel dünn schälen. Die harten Enden abschneiden (→ Seite 52, Tipp 1 und 2).

3 2 Liter Wasser mit Salz und Zucker in einem großen Topf oder einem ovalen Bräter aufkochen. Spargel zugeben, rasch zum Kochen bringen und zugedeckt bei mittlerer Hitze bissfest garen (→ Seite 53, Tipp 3).

4 Die Spargelstangen aus dem Sud nehmen (→ Seite 53, Tipp 4), auf einer sehr gut vorgewärmten Platte anrichten und am besten sofort heiß servieren.

Zubereitungszeit 40 Minuten

Tipp

Man kann die Stangen zum Garen portionsweise mit Küchengarn zum Bündel verschnüren. Notwendig ist es nicht; die Stangen garen freischwebend im Sud genauso gleichmäßig. Und die richtige Garzeit (→ Seite 53, Tipp 3) lässt sich bei einzelnen Stangen sogar besser bestimmen.

Gebratener Zander

4 Zanderfilets von je etwa 200 Gramm trockentupfen, mit Salz und weißem Pfeffer würzen und auf beiden Seiten ganz dünn mit Mehl bestreuen. In einer großen Pfanne 3 Esslöffel Olivenöl erhitzen. Die Zanderfilets zuerst auf der Hautseite, dann auf der Fleischseite jeweils etwa 4 Minuten braten. Herausnehmen und auf gut vorgewärmten Tellern anrichten. Zum Bratfond in der

Pfanne 1 Esslöffel Butter, 4 bis 5 Esslöffel trockenen Weißwein oder Orangensaft sowie einige Spritzer Zitronensaft und 1 große Messerspitze Chiliflocken oder Cayennepfeffer geben. Den Bratfond unter Rühren damit lösen und über den Fisch geben. Jede Portion mit gehacktem Dill bestreuen.

Buntes Fischragout mit Sahnesauce

100 Gramm TK-Shrimps kalt abspülen. 150 Gramm Lachsfilet, 2 Forellenfilets und 1 Welsfilet trockentupfen und quer in fingerbreite Stücke schneiden. Shrimps und Fisch mit 3 Esslöffeln Zitronensaft mischen. 2 Lauchzwiebeln waschen und putzen. Mit allen saftigen grünen Blättern in fingerlange Stücke, und diese wiederum in feine Streifen schneiden. 3 Esslöffel Öl in einer großen beschichteten Pfanne erhitzen. Shrimps, Fisch und Zwiebelstreifen darin bei mittlerer Hitze 2 Minuten braten. Dabei immer wieder vorsichtig wenden. Mit Salz und Pfeffer würzen und auf vorgewärmten Tellern anrichten. 100 Milliliter Spargelsud, 1 Päckchen Hummersuppenpaste (50 Gramm) und 100 Gramm Schmant in die Pfanne geben. Bratfond damit lösen. Mit Salz und Pfeffer abschmecken, mit 1 Esslöffel gehacktem Basilikum mischen und über dem Fischragout verteilen

Lachsforellen aus dem Ofen

1 Zwiebel und 2 Knoblauchzehen abziehen und fein zerkleinern. 2 kleine Zucchini waschen, putzen und in kleine Würfel schneiden. Alle drei Zutaten in 1 Esslöffel heißem Öl unter Rühren braun anbraten. Mit 200 Gramm Pizzatomaten (aus der Dose), 125 Millilitern Spargelsud, 1 Esslöffel gehackter Petersilie, 1 Esslöffel Zitronensaft und 1 Prise Zucker mischen. In einen großen Bräter geben und kräftig mit Salz und Pfeffer würzen. 2 Lachsforellen von je etwa 600 Gramm ebenfalls mit Salz und Pfeffer würzen und auf das Gemüse legen. Mit 2 Esslöffeln Olivenöl bestreichen und zugedeckt im vorgeheizten Backofen bei 220 °C (Umluft 200 °C, Gas Stufe 3–4) etwa 25 Minuten garen. Dabei zweimal mit dem Saft begießen, der sich im Bräter sammelt.

Tipp

Eine festliche Spargelbeilage, die leicht gelingt: Die Lachsforellen schmoren, während der Spargel kocht und Sie sich Ihren Gästen widmen.

Spargel mit Käsesauce

Pikant

Für den Spargel
2 kg weißer oder grüner Spargel
Salz, Zucker
Für die Sauce
2 EL Mixed Pickles
100 g Fontina oder junger Gouda
1 Schalotte
1 EL Öl
3/8 l Spargelsud
100 g Crème fraîche
1 EL gehackte Petersilie
Salz, Schwarzer Pfeffer

1 Spargel vorbereiten und im sprudelnd kochenden Wasser mit Salz und Zucker bissfest garen (→ Seite 13).

2 Für die Sauce Mixed Pickles fein hacken, Käse in kleine Würfel schneiden. Schalotte abziehen, fein zerkleinern und im heißen Öl glasig braten. Den Spargelsud zugießen und aufkochen.

3 Käse und Crème fraîche zugeben und bei mittlerer Hitze unter Rühren erhitzen, bis sich der Käse aufgelöst hat. Pickles und Petersilie untermischen, mit Salz und Pfeffer abschmecken und die Sauce warm zum Spargel servieren.

Zubereitungszeit 60 Minuten

Spargel mit Kräuterdip ▶

Würzig & dekorativ

Für den Dip
2 Eier
200 g Magerjogurt
200 g Remouladensauce (aus dem Glas)
2 EL beliebige gehackte Kräuter
1 EL Zitronensaft
Salz, Schwarzer Pfeffer
Für den Spargel
2 kg weißer oder grüner Spargel
Salz, Zucker

1 Eier hart kochen, schälen und fein hacken. Jogurt mit Remoulade glatt rühren. Eier, Kräuter, Zitronensaft, Salz und groben Pfeffer untermischen.

2 Spargel vorbereiten und im sprudelnd kochenden Wasser mit Salz und Zucker bissfest garen (→ Seite 13). Heiß zum kalten Dip servieren.

Zubereitungszeit 50 Minuten

Tipp

Mit der doppelten Menge Sauce, Kartoffeln, Schinken und gemischtem Salat werden acht Personen satt.

Stangenspargel mit Saucen

Warum servieren Sie neben der klassischen Hollandaise nicht einmal verschiedene andere Saucen zur großen Spargelschlemmerei? Hier sind drei schnell gerührte Varianten der Holländischen Sauce, und die Schnittlauchsauce können Sie gut vorbereiten. Für acht Esser reichen 4 Kilogramm Spargel zu neuen Kartoffeln, verschiedene Schinkensorten (→ Seite 15) und zwei unserer Saucenrezepte.

Klassisch

2 kg weißer oder grüner Spargel
Salz, Zucker

1 Spargel kurz unter fließendem Wasser waschen und sorgfältig schälen (→ Tipps Seite 52/53). Harte Enden abschneiden.

2 2 Liter Wasser mit Salz und Zucker in einem großen Topf oder einem ovalen Bräter aufkochen (→ Tipps). Spargel zugeben, rasch zum Kochen bringen und zugedeckt bei mittlerer Hitze bissfest garen (→ Seite 53, Tipp 3).

3 Spargel aus dem Sud nehmen (→ Seite 53, Tipp 4), auf einer sehr gut vorgewärmten Platte anrichten und heiß servieren.

Zubereitungszeit 50 Minuten

Tipp

1 Für Spargelkochwasser brauchen Sie nur so viel Salz, dass Spargel und Sud fein gewürzt, aber nicht salzig sind: Pro Kilo Spargel mit 1 Liter Wasser rechnet man etwa 1/2 Teelöffel Salz. Richtiges Salzwasser wie für Nudeln oder grüne Bohnen eignet sich für Spargel nicht. Außerdem gehört eine gute Prise Zucker ins Wasser, damit der Spargel aromatisch schmeckt. Butter ist nicht notwendig – vor allem, wenn Sie den gesunden Sud trinken wollen, stören die Fettaugen.

2 Den besten Sud bekommen Sie durch zweimaliges Kochen: Erst die Schalen und Spargelabschnitte etwa 10 Minuten kochen. Den Sud nun durch ein Sieb in den Spargeltopf abgießen, Schalen und Abschnitte etwas ausdrücken und wegwerfen. Den Sud erneut aufkochen und die Spargelstangen darin garen.

Holländische Sauce (Sauce Hollandaise)

200 Gramm Butter zerlassen und warm halten. 3 ganz frische Eigelbe und 1 Esslöffel heißes Wasser in einer Schüssel verrühren. Mit den Quirlen des Handrührers über dem heißen Wasserbad zu einer dicken Creme aufschlagen. Die flüssige Butter unter ständigem Rühren zuerst teelöffelweise, dann in dünnem Strahl zugeben. Die Sauce mit 1 Teelöffel Weißweinessig, Salz und Cayennepfeffer abschmecken.

Tipp

Bei Saucen mit rohem Eigelb sorgt das Wasserbad fürs gute Gelingen: Es reguliert die Hitze so, dass das Eigelb schön cremig wird, aber nicht gerinnt. Füllen Sie einen Kochtopf mit Rand mit so viel heißem Wasser, dass die Schüssel für die Sauce darin steht, ohne zu schwimmen. Auf den Boden des Topfes legen Sie einen umgedrehten Teller: So berührt die Schüssel den heißen Topfboden nicht, und nichts kann ansetzen.

Sauce Mousseline

Nehmen Sie dafür 1 Rezept Holländische Sauce, und schmecken Sie die fertige Sauce mit Salz, Cayennepfeffer und etwas Zitronensaft ab. 2 Esslöffel geschlagene Sahne darunter ziehen.

Malteser Sauce

1 Rezept Holländische Sauce mit reichlich abgeriebener Orangenschale und 2 Esslöffel Blutorangensaft mischen. Mit Salz, weißem Pfeffer, Muskatnuss und Zucker abschmecken.

Piccalilli-Sauce

Unter 1 Rezept Holländische Sauce 2 Esslöffel zerkleinertes Senfgemüse, 1 Messerspitze Ingwer, Salz und Cayennepfeffer rühren.

Schnittlauchsauce

300 Gramm Magermilchjogurt mit 150 Gramm Schmant glatt rühren. 2 gewürfelte Tomaten, 2 Esslöffel Schnittlauchröllchen, Salz, Pfeffer und Zucker unterrühren.

Stangenspargel mit traditionellen Beilagen

Statt der üblichen neuen Kartoffeln schmecken zum Spargel auch traditionelle Beilagen wie bayerische Eierfleckerl, Strübli aus Baden, Goldwürfel oder Kartoffelpuffer. Laden Sie Ihre Gäste einmal zu einem Spargelessen nach alter Tradition ein. Für acht Portionen nehmen Sie 4 Kilogramm Spargel, das doppelte Rezept Kräutersauce und zwei unserer Beilagenrezepte.

Einfach & delikat

2 kg weißer Spargel
Salz, Zucker
Für die Sauce
1/4 l Spargelsud
250 g Sahne
1/2–1 Bund frische Kräuter für Grüne Sauce oder 2 Päckchen TK-Salatkräuter
Salz, Weißer Pfeffer
Gemahlene Muskatnuss
1–2 EL Zitronensaft

1 Spargel vorbereiten und in 2 Litern sprudelnd kochendem Wasser mit Salz und Zucker bissfest garen (→ Seite 13). Herausnehmen und auf gut vorgewärmten Tellern anrichten. Mit etwas Spargelsud beträufeln und zugedeckt warm halten.

2 Vom Sud 1/4 Liter für die Sauce abmessen (den Rest für eine Suppe verwenden) und in einen weiten Topf geben. Sud bei starker Hitze dickflüssig einkochen. Dabei nach und nach die Sahne zugießen und häufig umrühren. Zum Schluss nach Wunsch mit dem Schneebesen oder dem Handrührer schaumig aufschlagen.

3 Die Kräuter waschen und trockentupfen. Die Blättchen abzupfen, sehr fein zerkleinern und in die Sauce rühren. Sauce mit Salz, Pfeffer, Muskat und Zitronensaft abschmecken und über den Spargel gießen.

Zubereitungszeit 50 Minuten

Eierfleckerl

50 Gramm Mehl mit einer kräftigen Prise Salz, 4 Eiern und 1/8 Liter Milch zu einem glatten Teig rühren. Jeweils etwas Öl, Butterschmalz oder Kokosfett in einer großen beschichteten Pfanne erhitzen. Eine knappe Schöpfkelle Teig zugeben und zu einem dünnen Eierkuchen auseinander fließen lassen. Zugedeckt bei mittlerer Hitze etwa 2 Minuten backen, bis der Teig an der Oberseite gestockt ist. Wenden, mit

dem Pfannenmesser in mundgerechte Stücke teilen und in der offenen Pfanne in etwa 1 Minute fertig backen.

Tipp

Zum Vorbereiten: Aus dem Teig Eierkuchen backen, abgekühlt in Streifen schneiden und zum Servieren in einer Pfanne oder im Ofen erhitzen.

Goldwürfel

4 Scheiben Toastbrot (etwa 120 Gramm) würfeln und in eine Schüssel geben. 3 Eier mit 1/8 Liter Milch, Salz, Pfeffer und Muskatnuss verrühren und darüber gießen. Alles mischen und ziehen lassen, bis das Brot die Eiermilch aufgenommen hat. Butterschmalz oder Öl in einer beschichteten Pfanne erhitzen. Eingeweichte Toastwürfel darin bei mittlerer bis schwacher Hitze etwa 5 Minuten braten, bis sie goldbraun sind. Dabei mehrmals wenden.

Strübli

200 Gramm weißes Dinkelmehl (Type 630) mit Salz, 2 Eiern und 1/8 Liter Milch verrühren. 40 Gramm Butter zerlassen und unter den Teig mischen. In einer großen Pfanne so viel Öl erhitzen, dass es etwa fingerhoch darin steht. Einen Trichter mit etwa fingerdickem Ausguss über die Pfanne halten. Pro Strübli etwa ein Viertel der Teigmenge durch den Trichter schneckenförmig in die Pfanne laufen lassen. Strübli bei mittlerer Hitze goldbraun backen, wenden und auf der zweiten Seite fertig backen. Auf Küchenpapier abtropfen lassen und heiß servieren.

Kartoffelpuffer

1 Kilogramm vorwiegend fest kochende Kartoffeln schälen, waschen und raspeln. Mit 1 Ei und 1 Esslöffel Semmelbrösel mischen, mit Salz und Cayennepfeffer würzen. Jeweils etwas Öl in einer großen beschichteten Pfanne erhitzen. Den Kartoffelteig portionsweise ins Öl setzen, sodass insgesamt 16 flache Puffer entstehen. Puffer pro Seite bei mittlerer bis schwacher Hitze etwa 5 Minuten braten. Auf Küchenpapier abtropfen lassen und heiß – am besten frisch aus der Pfanne – servieren.

Feine neue Spargelküche

Spargel einmal anders: im Risotto, auf der Quiche, aus dem Wok oder mit Hähnchen – überraschend neu und erstaunlich gut.

Spargel mit Ravioli ▸

Aus Italien

500 g grüner Spargel
4 Schalotten oder kleine Zwiebeln
1 Knoblauchzehe
50 g Salami in dünnen Scheiben
2 EL Olivenöl
200 g Crème fraîche
1 TL Zitronensaft
Salz, Pfeffer
2 EL gehacktes Basilikum
400 g frische Ravioli mit Käsefüllung (aus der Kühltheke)
100 g Parmesan oder Pecorino

1 Spargel vorbereiten und in fingerbreite Stücke schneiden, Spargelköpfe beiseite legen (→ Seite 13). Schalotten abziehen und vierteln. Knoblauch abziehen und fein hacken. Salami in Streifen schneiden.

2 Öl in einer großen Pfanne erhitzen. Spargelstücke, Schalotte und Knoblauch darin unter Rühren schmoren, bis die Schalotten fast weich und leicht gebräunt sind. Spargelköpfe zugeben und kurz mitschmoren. Crème fraîche unterrühren und bei starker Hitze etwas einkochen lassen. Mit Zitronensaft, Salz und grob gemahlenem Pfeffer abschmecken. Basilikum untermischen.

3 Während das Spargelgemüse gart, die Ravioli in reichlich Salzwasser nach Packungsaufschrift kochen. Abgießen, abtropfen lassen und auf vorgewärmte Portionsteller geben. Parmesan oder Pecorino reiben.

4 Zuerst den Spargel, dann die Salami und zum Schluss reichlich Käse auf den Ravioli verteilen. Den restlichen Käse dazu servieren.

Zubereitungszeit 35 Minuten

Spargelrisotto

Aus Italien

1 Schalotte oder kleine Zwiebel
1 Knoblauchzehe
3 EL Olivenöl
250 g Rundkornreis (→ Tipp)
3/4 l Spargelsud oder Gemüsebrühe (Instant)
1/8 l trockener Weißwein
200 g grüner Spargel
2 kleine Zucchini
5 Stücke getrocknete Tomaten
50 g Parmesan
2 EL Butter
1–2 EL Zitronensaft
Salz, Weißer Pfeffer

1 Schalotte und Knoblauch abziehen, fein zerkleinern und in 1 Esslöffel Öl unter Rühren glasig braten. Reis zugeben und unter Rühren andünsten.

2 Spargelsud und Wein mischen, die Hälfte davon zum Risotto gießen und langsam zum Kochen bringen. Zugedeckt bei schwacher Hitze 10 Minuten garen.

3 Im offenen Topf weitere 15 Minuten garen, dabei häufig umrühren und noch einmal die Hälfte des verbliebenen Suds zugießen.

4 Spargel vorbereiten und in etwa fingerbreite Stücke schneiden (→ Seite 13). Zucchini waschen, abtrocknen, putzen und in dünne Scheiben schneiden. Getrocknete Tomaten fein zerkleinern.

5 Restliches Öl erhitzen. Spargelstücke und -köpfe, Zucchini und Tomaten darin kurz anbraten. Alles mit einer Gabel locker unter den Risotto mischen. Den restlichen Sud zugießen und den Risotto weitere 5 bis 10 Minuten garen, bis Reis und Spargel gerade eben bissfest sind.

6 Parmesan reiben. Butter mit Zitronensaft in einem Topf zerlassen. Unter den Risotto mischen. Mit Salz und grobem Pfeffer abschmecken und mit dem Käse vermischt servieren.

Zubereitungszeit 50 Minuten

Tipp

Ideal für Risotto sind Arborio, Roma oder Carnaroli – Rundkornreis-Sorten mit sehr großen Körnern. Alle gibt es in den Lebensmittelabteilungen von Warenhäusern, in Mittelmeer- und Feinkostläden. Recht gut schmeckt Risotto auch mit Milchreis, mit Langkornreis dagegen nicht.

Couscous mit Spargel-Pilz-Gemüse

Raffiniert

Für den Spargel
500 g grüner Spargel
250 g weiße Champignons
3 EL Zitronensaft
2 Zweige Salbei
50 g geräucherter Bauchspeck in dünnen Scheiben
1 große Zwiebel
1 TL Olivenöl
5 EL Spargelsud oder Gemüsebrühe (Instant)
200 g saure Sahne
Salz, Schwarzer Pfeffer
Für das Couscous
350 g Instant-Couscous
Salz
1 EL Butter
3 EL Chiliöl (mit Chiliflocken aromatisiertes Öl; Feinkostladen)
50 g Pecorino

1 Spargel vorbereiten und in etwa fingerlange Stücke schneiden, Spargelköpfe beiseite legen (→ Seite 13). Champignons putzen und längs halbieren, größere Exemplare vierteln. Sofort in einer Schüssel mit Zitronensaft mischen.

2 Salbei waschen und trockentupfen. Die Blättchen abzupfen und fein zerkleinern. Speck in dünne Streifen schneiden. Zwiebel abziehen und würfeln. Alle drei Zutaten im heißen Öl bei schwacher Hitze braten, bis Speck und Zwiebel glasig sind.

3 Spargelstücke und Pilze zugeben und bei starker Hitze unter Rühren 5 Minuten schmoren. Spargelköpfe zugeben und alles noch etwa 5 Minuten weiterschmoren, bis das Gemüse bissfest ist.

4 Sud oder Brühe zugießen und den Bratfond damit lösen. Saure Sahne einrühren und erhitzen. Das Gemüse mit Salz und Pfeffer würzen und zugedeckt warm halten.

5 Couscous nach Packungsaufschrift mit 1/2 Liter Wasser, Salz, Butter und Öl zubereiten. Käse reiben und mit einer Gabel locker unter den gegarten heißen Couscous mischen. Mit dem Spargel-Pilz-Gemüse auf gut vorgewärmten Tellern anrichten.

Zubereitungszeit 50 Minuten

Tipp

Instant-Couscous gibt es in vielen Supermärkten und in türkischen Läden.

Spargelauflauf mit Schinken und Käse

Einfach

1 kg Suppenspargel oder Spargelspitzen
Salz
Zucker
50 g gekochter Schinken in dünnen Scheiben
1 Zwiebel
75 g Butter oder Margarine
50 g Mehl
1 TL getrockneter Thymian
1/4 TL Paprikapulver edelsüß
200 g Sahne
100 g Emmentaler
3 Eier
1 EL Zitronensaft
Fett für die Form

1 Spargel vorbereiten (→ Seite 52/53) und in 1/4 Liter Wasser mit Salz und Zucker 5 Minuten garen. Abgießen und den Sud für die Sauce auffangen. Spargel in eine gefettete Gratinform geben. Schinken in Streifen schneiden und auf dem Spargel verteilen.

2 Zwiebel abziehen, fein zerkleinern und im heißen Fett glasig braten. Mehl darüber streuen und hell anrösten. Spargelsud zugießen und rühren, bis die Sauce glatt ist. Mit Salz, Thymian und Paprika würzen und zugedeckt bei schwacher Hitze 5 Minuten kochen. Sahne untermischen und die Sauce abkühlen lassen, bis sie nur noch lauwarm ist.

3 Emmentaler reiben. Eier trennen. Eigelbe unter die Sauce mischen. Eiweiß mit Zitronensaft steif schlagen und auf die Sauce geben. Käse auf den Eischnee streuen, alles mischen und auf dem Spargel glatt streichen.

4 Den Auflauf im vorgeheizten Backofen bei 200 °C (Umluft 180 °C, Gas Stufe 3–4) etwa 45 Minuten backen, bis er schön gebräunt ist.

Zubereitungszeit 45 Minuten (ohne Backzeit)

Tipp

- Dazu passen grüner Salat mit frischen Kräutern und neue Kartoffeln.

- Als schnelle Variante die gebratene Zwiebel und eventuell auch den Schinken weglassen. Mehl mit den ganzen Eiern verrühren, Sud, Sahne, Käse und Gewürze untermischen. Den Spargel mit dieser Sauce überziehen und backen.

Spargellasagne

Aus Italien

Für die Füllung
600 g grüner oder weißer Spargel
1 Zwiebel
1 Knoblauchzehe
2 Zweige Oregano
50 g gekochter Schinken am Stück
2 EL Öl
Salz
Cayennepfeffer
Für die Sauce
250 g Mozzarella
1/2 l Milch
125 g Sahne
40 g Mehl
Salz, Weißer Pfeffer
150 g Parmesan
16 weiße oder grüne Lasagneblätter ohne Vorkochen (etwa 160 g)

1 Spargel vorbereiten und in fingerbreite Stücke schneiden (→ Seite 13). Zwiebel und Knoblauch abziehen und fein zerkleinern. Oregano waschen, trockentupfen und fein hacken. Schinken in kleine Würfel schneiden.

2 Öl erhitzen. Zwiebel und Knoblauch mit dem Oregano darin bei schwacher Hitze glasig braten. Spargel zugeben und bei starker Hitze unter Rühren etwa 1 Minute bräunen. Mit dem Schinken mischen, mit Salz und Cayennepfeffer würzen und abkühlen lassen.

3 Mozzarella abtropfen lassen und würfeln. Milch, Sahne, Mehl, Salz und Pfeffer mit den Quirlen des Handrührgerätes kräftig verrühren, bis die Sauce ganz glatt ist. Parmesan reiben und mit einem Kochlöffel unter die Sauce mischen.

4 Eine gefettete Gratinform mit etwas Sauce ausgießen. Schichtweise Lasagneblätter, Spargelmischung und Mozzarellawürfel einfüllen. Jede Schicht mit Sauce begießen. Auf die letzte Schicht Lasagneblätter den Rest von Sauce und Mozzarella geben.

5 Die Lasagne im vorgeheizten Backofen bei 200 °C (Umluft 180 °C, Gas Stufe 3–4) etwa 45 Minuten backen.

Zubereitungszeit 90 Minuten (mit Backzeit)

Kleine Spargelstrudel

Raffiniert

1 kg grüner Spargel
1 TL Öl
2 EL Crème fraîche
Salz, Cayennepfeffer
2 EL gehackte Petersilie
50 g Greyerzer
1 Packung Yufka-Teigblätter (400 g, türkische Läden, ersatzweise Blätterteig)
Je 2 EL Butter und Olivenöl

1 Spargel vorbereiten und in fingerbreite Stücke schneiden (→ Seite 13). Im heißen Öl anbraten. Mit Crème fraîche, Salz und Cayennepfeffer vermischen und bei mittlerer Hitze zugedeckt in etwa 5 Minuten halb weich schmoren. Die Petersilie untermischen. Den Käse reiben.

2 Teigblätter auf einem Arbeitsbrett ausbreiten, jeweils mit Spargel belegen und mit Käse bestreuen. Aufrollen und dicht an dicht in eine Gratinform legen. Mit zerlassener Butter und Olivenöl beträufeln.

3 Die Strudel im vorgeheizten Backofen bei 200 °C (Umluft 180 °C, Gas Stufe 3) in etwa 10 Minuten goldbraun backen.

Zubereitungszeit 45 Minuten

Leichte Spargelpizza

Raffiniert & schnell

1 Packung fertig ausgerollter Pizzateig (Ø ca. 32 cm)
150 g Crème fraîche mit Kräutern
1 EL Pesto (aus dem Glas)
250 g gegarter Spargel (Rest oder aus Dose/Glas)
Salz, Schwarzer Pfeffer
70 g gekochter Schinken in dünnen Scheiben
150 g Mozzarella

1 Den Pizzateig auf ein Backblech legen. Crème fraîche und Pesto mischen und den Pizzaboden damit bestreichen.

2 Den Spargel in Stücke schneiden. Auf den Pizzaboden legen, mit Salz und Pfeffer würzen und mit Schinken abdecken. Abgetropften Mozzarella würfeln und auf der Pizza verteilen.

3 Die Pizza im vorgeheizten Backofen bei 250 °C (Umluft 220 °C, Gas Stufe 6) etwa 15 Minuten backen, bis der Käse leicht gebräunt ist.

Zubereitungszeit 30 Minuten

Spargeltaschen

Deftig

Zutaten für 6 Stück

Für den Teig

250 g Mehl
1 Prise Salz
30 g Butter oder Margarine
1 Eigelb

Für die Füllung

500 g grüner Spargel
100 g geräucherter Bauchspeck
1 kleine Zwiebel
1 EL Öl
Salz, Weißer Pfeffer
100 g Bergkäse
2 EL gehackter Oregano
Mehl für die Arbeitsfläche
Fett für das Blech
2 EL flüssige Butter zum Bestreichen

1 Mehl, Salz, 1/8 Liter lauwarmes Wasser, weiches Fett und Eigelb in eine Schüssel geben. Zuerst mit den Knethaken des Handrührgerätes vermischen, dann auf der Arbeitsfläche mit den Händen zu einem glatten Teig kneten.

2 Den Teig zu einem Kloß formen, in Butterbrotpapier wickeln und in die heiß ausgespülte Teigschüssel legen. Zugedeckt ruhen lassen, bis die Füllung zubereitet ist.

3 Spargel vorbereiten und in fingerbreite Stücke schneiden (→ Seite 13). Speck und abgezogene Zwiebel würfeln und im heißen Öl glasig braten. Spargelstücke und -köpfe zugeben und zugedeckt bei schwacher Hitze halb weich dünsten. Mit Salz und Pfeffer würzen und abkühlen lassen, bis der Spargel nur noch lauwarm ist. Den Käse reiben.

4 Ein Küchentuch auf der Arbeitsfläche ausbreiten und mit Mehl bestreuen. Den Teigkloß in 6 Stücke schneiden. Jedes Stück auf wenig Mehl ausrollen und mit den Händen so dünn wie möglich ausziehen. Glatt auf dem Küchentuch ausbreiten, mit Spargelmischung belegen und mit Käse und Oregano bestreuen. Dabei rundherum einen Rand freilassen.

5 Den Teig von allen Seiten so über die Füllung legen, dass er wie ein Briefumschlag gefaltet ist. Die Päckchen mit der gefalteten Seite nach unten nebeneinander auf ein gefettetes Backblech legen und mit der flüssigen Butter bestreichen. Auf diese Weise alle 6 Spargelpäckchen fertig stellen.

6 Die Spargelpäckchen im vorgeheizten Backofen bei 200 °C (Umluft 180 °C, Gas Stufe 3–4) etwa 30 Minuten backen. Heiß oder lauwarm mit Salat servieren.

Zubereitungszeit 100 Minuten
(ohne Ruhezeit für den Teig)

Spargel mit Kartoffeln und Kräutercreme

Einfach & delikat

1 kg vorwiegend fest kochende Kartoffeln
1 kg grüner oder weißer Spargel
Salz
Zucker
70 g Parmesan
150 g Kräuter-Crème-fraîche
2 EL Schnittlauchröllchen

1 Kartoffeln schälen, waschen und wie für Salzkartoffeln würfeln. Spargel vorbereiten und in mundgerechte Stücke schneiden (→ Seite 13). Im Backofen bei 75 °C eine große Schüssel vorwärmen.

2 Die Kartoffeln mit 2 Litern Wasser und Salz in einem großen Topf aufkochen. Spargel und Zucker dazugeben, erneut aufkochen und alles zugedeckt bei mittlerer Hitze in etwa 15 Minuten gerade eben weich garen. Den Käse reiben.

3 Spargel und Kartoffeln in die vorgewärmte Schüssel geben. 3 Schöpfkellen Spargelsud und Crème fraîche zugeben und alles mischen. Mit Parmesan und Schnittlauch bestreuen.

Zubereitungszeit 35 Minuten

Spargel mit Semmelbröseln und Ei

Einfach & würzig

1 kg weißer Spargel
Salz
Zucker
2 Eier
100 g Butter
75 g Semmelbrösel
1 Msp. gemahlene Muskatnuss
1/4 TL abgeriebene Zitronenschale
Weißer Pfeffer
2 EL gehackte Petersilie

1 Spargel vorbereiten und in 1 Liter sprudelnd kochendem Wasser mit Salz und Zucker bissfest garen (→ Seite 12). Im Backofen bei 75 °C eine Servierplatte vorwärmen.

2 Eier hart kochen, schälen und hacken. Butter in einer großen Pfanne erhitzen, Semmelbrösel darin bei mittlerer Hitze unter Rühren hellbraun rösten. Muskatnuss und Zitronenschale untermischen.

3 Den Spargel auf der gut vorgewärmten Platte anrichten. Zuerst die Bröselbutter, dann die Eier über dem Spargel verteilen. Mit Pfeffer aus der Mühle und Petersilie bestreut servieren.

Zubereitungszeit 40 Minuten

Spargelquiche

Für Gäste

Für den Teig
200 g Mehl
Salz
75 g Butter
2 EL trockener Weißwein
Fett für die Form
Für den Belag
700 g grüner oder weißer Spargel
50 g gekochter Schinken in Scheiben
1 EL Öl
1 EL Zitronensaft
Salz, Schwarzer Pfeffer
2 EL gehackte Petersilie
50 g Greyerzer
100 ml Milch
1 Ei

1 Mehl mit Salz, Butter, Wein und 70 Millilitern kaltem Wasser mit den Knethaken des Handrührgerätes zu einem glatten Teig verarbeiten.

2 Den Teig in eine gefettete Springform von 26 Zentimeter Durchmesser geben. Einen Löffel in kaltes Wasser tauchen und den Teig mit dem Löffelrücken in der Form verteilen. Dabei einen gut fingerbreiten Rand hoch drücken und den Löffel immer wieder in kaltes Wasser tauchen, damit der Teig nicht haften bleibt. Den Teigboden in der Form 1 Stunde kühlen.

3 Spargel vorbereiten und in fingerbreite Stücke schneiden, die Spargelköpfe beiseite legen (→ Seite 13). Schinken in Streifen schneiden.

4 Spargelstücke und Schinken im heißen Öl 3 Minuten braten. Spargelköpfe zugeben und noch 2 Minuten weiterbraten. Mit Zitronensaft, Salz und Pfeffer würzen und abkühlen lassen. Petersilie untermischen, Käse reiben.

5 Teigboden im vorgeheizten Backofen bei 220 °C (Umluft 200 °C, Gas Stufe 4) 10 Minuten vorbacken.

6 Die Spargelmischung auf dem Teigboden verteilen. Milch mit Ei verrühren und darüber gießen. Die Quiche mit Käse bestreuen, wieder in den Ofen schieben und bei 200 °C (Umluft 180 °C, Gas Stufe 3) 20 Minuten backen, bis sie leicht gebräunt ist.

Zubereitungszeit 50 Minuten
(ohne Ruhezeit für den Teig)

Tipp

Der Teig für die Quiche
ist zum Ausrollen zu weich.
Sie müssen ihn
mit einem Löffel
in die Form drücken.

Spargel mit Makkaroni, Speck und Ei

Deftig

250 g grüner oder weißer Spargel
100 g geräucherter Bauchspeck
200 g Makkaroni
Salz
3 Eier
Schwarzer Pfeffer
Gemahlene Muskatnuss

1 Spargel vorbereiten und in fingerbreite Stücke schneiden, die Spargelköpfe beiseite legen (→ Seite 13). Speck in dünne Streifen schneiden und in einer großen, beschichteten Pfanne bei mittlerer Hitze glasig braten.

2 Spargelstücke zugeben und bei mittlerer Hitze etwa 5 Minuten mitbraten. Spargelköpfe zugeben und alles noch etwa 5 Minuten braten.

3 Makkaroni in reichlich sprudelnd kochendem Salzwasser gerade eben bissfest garen. Abgießen, kurz abtropfen lassen und zur Spargelmischung in die Pfanne geben.

4 Eier mit Salz, Pfeffer und Muskatnuss verquirlen und darüber gießen. Bei starker Hitze leicht stocken lassen.

Zubereitungszeit 30 Minuten

Stangenspargel im Schinkenmantel ▶

Einfach & dekorativ

1 kg weißer Spargel
Salz, Zucker
200 g roher Schinken in dünnen Scheiben
2 EL Schnittlauchröllchen
1 EL gehackte Petersilie
100 g Pesto (aus dem Glas)
Schwarzer Pfeffer

1 Spargel vorbereiten und die Stangen in 2 Litern sprudelnd kochendem Wasser mit Salz und Zucker knapp bissfest garen (→ Seite 12). Herausnehmen und abtropfen lassen.

2 So viele Schinkenscheiben beiseite legen, wie Spargelstangen vorhanden sind. Den restlichen Schinken in Streifen schneiden, mit Schnittlauch und Petersilie mischen.

3 Die Schinkenscheiben nacheinander auf der Arbeitsfläche ausbreiten, mit Pesto bestreichen, mit der Schnittlauchmischung bestreuen und jeweils eine Spargelstange darin einwickeln. Spargel auf einer Platte anrichten und mit grobem Pfeffer aus der Mühle bestreut servieren.

Zubereitungszeit 40 Minuten

Scharfer Spargel mit Rind

Aus Asien

200 g Rinderlende
1 TL Speisestärke
1 EL Sherry medium
5 EL Erdnussöl
200 g Wildspargel
Sambal oelek
Salz

1 Fleisch trockentupfen und quer zur Faser in dünne Streifen schneiden. Speisestärke und Sherry glatt rühren. 1 Esslöffel Öl unterrühren. Das Fleisch damit mischen und etwa 20 Minuten zugedeckt ziehen lassen. Spargel waschen und einmal durchschneiden.

2 Restliches Öl im Wok oder einer großen Pfanne erhitzen. Das Fleisch mit der Marinade darin bei starker Hitze unter Wenden leicht braun anbraten. Wieder herausnehmen.

3 Das Öl bis auf etwa 2 Esslöffel aus dem Wok schöpfen. Spargel bei mittlerer Hitze in etwa 3 Minuten unter Rühren bissfest braten. Das Fleisch wieder zugeben und alles mischen. Mit Sambal oelek und Salz scharf würzen. Ganz heiß mit Duftreis servieren.

Zubereitungszeit 40 Minuten

Reisnudeln mit Wildspargel

Aus Thailand

Zutaten für 2 Portionen
200 g Wildspargel
150 g Hähnchenbrustfilet
2 EL Erdnussöl
1/8 l Hühnerbrühe
50 g dünne Reisnudeln
4 EL Sojasauce
Cayennepfeffer
Salz
1 EL zerkleinertes Koriandergrün

1 Spargel waschen und in 3 Zentimeter lange Stücke schneiden. Fleisch in Streifen schneiden.

2 Öl im Wok erhitzen und das Fleisch darin bei starker Hitze braun anbraten. Herausnehmen und auf einem Teller beiseite stellen.

3 Spargel im Bratöl bei mittlerer Hitze 2 Minuten braten. Brühe, Reisnudeln und Sojasauce untermischen, aufkochen und etwa 3 Minuten kochen.

4 Das Fleisch wieder untermischen und nur erhitzen. Mit Cayennepfeffer und Salz abschmecken und mit Koriander bestreut servieren.

Zubereitungszeit 20 Minuten

Spargel-Kräuter-Tempura

Aus Japan

Für die Dips
300 ml Spargelsud
75 ml Sherry medium
75 ml helle Sojasauce
1 TL Zucker
1 Stück Rettich (etwa 250 g)
1 EL Schnittlauchröllchen
Salz, Weißer Pfeffer
Zum Ausbacken
8 grüne Spargelstangen
200 g Wildspargel
4 mittelgroße Austernpilze
8 große schöne Zweige krause Petersilie
Für den Teig
1 Prise Salz
250 g Mehl
Etwa 1 l Öl zum Frittieren

1 Für den ersten Dip den Spargelsud erhitzen. Sherry, Sojasauce und Zucker zugeben und rühren, bis sich der Zucker gelöst hat. Einmal aufkochen, abkühlen lassen und in Portionsschälchen geben.

2 Für den zweiten Dip den Rettich so fein wie möglich reiben. Mit Schnittlauch mischen, mit Salz und Pfeffer würzen und auf vier Schälchen verteilen.

3 Grünen Spargel vorbereiten und in fingerbreite Stücke schneiden (→ Seite 13). Wildspargel waschen. Pilze mit einem feuchten Tuch abwischen. Die Stiele abschneiden und die Hüte halbieren. Petersilienzweige waschen und trockentupfen.

4 Für den Teig 1/4 Liter eiskaltes Wasser in eine Schüssel geben. Salz zugeben und das Mehl durch ein Sieb einstreuen. Mit einer Gabel oder zwei Kochstäbchen leicht umrühren, bis sich Mehl und Wasser locker verbunden haben, das Mehl aber noch Klümpchen bildet.

5 Das Öl im Wok oder einem großen Topf erhitzen. Spargel, Pilze und Petersilienzweige portionsweise im Teig wenden und jeweils in etwa 2 Minuten goldgelb ausbacken. Herausnehmen, auf Küchenpapier kurz abtropfen lassen und heiß zu den Dips servieren.

Zubereitungszeit 60 Minuten

Tipp

Vor dem Frittieren müssen Sie prüfen, ob das Öl heiß genug ist: Gibt man ein Tröpfchen Ausbackteig hinein, steigt dieses sofort auf.

Pfefferhähnchen mit Petersilienspargel

Festlich

Für das Hähnchen
800 g Hähnchenbrustfilet
Salz, Weißer Pfeffer
1 EL Öl
1 EL Zitronensaft
1 EL grüne Pfefferkörner
2 EL trockener Sherry
200 g Crème fraîche
100 ml Spargelsud oder Gemüsebrühe (Instant)
Für den Spargel
1 kg weißer Spargel
Salz, Zucker
1 EL Butter
2 EL gehackte Petersilie
1/2 Kästchen Kresse

1 Hähnchenbrustfilets kalt abspülen, trockentupfen und mit Salz und wenig Pfeffer würzen. Bei starker Hitze im heißen Öl auf beiden Seiten braun anbraten und schuppenförmig in eine ofenfeste Form mit niedrigem Rand legen. Mit dem Zitronensaft beträufeln.

2 Grünen Pfeffer, Sherry, Crème fraîche und Spargelsud verrühren und über dem Fleisch verteilen. Hähnchen im vorgeheizten Backofen bei 200 °C (Umluft 180 °C, Gas Stufe 3–4) etwa 30 Minuten schmoren, bis das Fleisch durchgegart und die Pfeffersahne leicht gebräunt ist.

3 Spargel vorbereiten und die Stangen in 1 Liter sprudelnd kochendem Wasser garen (→ Seite 12).

4 Butter in einer großen Pfanne zerlassen, Petersilie zugeben. Abgetropften Spargel darin schwenken und auf einer gut vorgewärmten Platte anrichten. Das Pfefferhähnchen mit der abgeschnittenen Kresse bestreuen.

Zubereitungszeit 70 Minuten

Tipp

- Dazu passen Pellkartoffeln, Baguette oder Reis.

- Hähnchen müssen Sie durchgaren: Beim Anstechen mit einer Messerspitze darf nur klarer Saft austreten. Ist der Saft rosa oder blutig, geben Sie noch 5 bis 10 Minuten Backzeit zu.

Spargel mit Rinderfilet und Orangensauce

Etwas teurer

1 Bund Thymian
1 Bund Suppengrün
1 Lorbeerblatt
1 Orangenscheibe
Salz
2 kg weißer Spargel
Zucker
600 g Rinderfilet (Mittelteil)
100 ml Brühe vom Fleisch
100 ml Orangensaft (frisch gepresst)
1 Schalotte
1 EL Öl
200 g Crème fraîche
2 TL abgeriebene Orangenschale
1 TL grüner Pfeffer
1 EL gehackte Petersilie

1 Thymian, Suppengrün, Lorbeerblatt und Orangenscheibe mit 3 Litern Wasser und 1 Esslöffel Salz in einem großen Topf aufkochen und zugedeckt bei schwacher Hitze 25 Minuten kochen lassen.

2 Spargel vorbereiten und die Stangen in einem zweiten großen Topf in 2 Liter Wasser mit Salz und Zucker bissfest garen (→ Seite 12).

3 Das Fleisch in den Thymiansud legen und zugedeckt bei schwacher Hitze etwa 25 Minuten ziehen lassen, bis es innen noch rosa ist.

4 100 Milliliter der Kochbrühe mit dem Orangensaft in einem weiten Topf unter häufigem Rühren einkochen lassen, bis die Sauce dickflüssig ist.

5 Schalotte schälen und fein zerkleinern. Im heißen Öl glasig braten. Eingekochten Orangenfond und Crème fraîche zugeben und unter Rühren einkochen lassen. Mit Salz, Orangenschale und grünem Pfeffer abschmecken.
1 Teelöffel Petersilie untermischen.

6 Fleisch in Scheiben schneiden, mit dem Spargel anrichten und mit der restlichen Petersilie bestreuen. Die Orangensauce dazu servieren.

Zubereitungszeit 60 Minuten

Tipp

So sind Spargel, Fleisch und Sauce gleichzeitig fertig: Während der Sud fürs Filet kocht, den Spargel vorbereiten und das Wasser zum Kochen bringen. Brühe und Saft für die Sauce einkochen. Fleisch und Spargel garen, dabei die Sauce zubereiten.

Über dieses Buch

Die Autorin

Dr. Barbara Rias-Bucher, geboren 1948 in München, Mitglied des Food Editors Club, arbeitet seit über 20 Jahren für renommierte Verlage. International bekannt wurde sie durch ihre mehrfach ausgezeichneten Bücher zu vegetarischer und vollwertiger Ernährung. Die Auflagen ihrer etwa 150 Bücher liegen bei 2,5 Millionen. Barbara Rias-Bucher zählt zu den wichtigsten deutschen Autoren für Koch- und kulinarische Sachbücher. Sie gilt als Expertin für alternative Ernährungsformen, die auch Feinschmecker mögen. Daneben hat sich die studierte Historikerin auf regionale kulinarische Traditionen und auf die internationale Kultur des Essens spezialisiert.

Die Fotografin

Helga Florian ist ausgebildete Fotografin und hat sich auf die Bereiche Food, Werbung und Digitale Bildbearbeitung spezialisiert.

Bildnachweis

Alle Fotos: Helga Florian, Weiden/München
Freisteller: PhotoAlto, Paris (Rozenbaum & Cirou)

Danksagung

Wir bedanken uns herzlich bei den Firmen Bauscher Hotelporzellan – BHS Tabletop AG, Weiden i. d. Opf., Porzellanfabriken Christian Seltmann GmbH und Nachtmann Bleikristall GmbH, Neustadt an der Waldnaab, die uns freundlicherweise Requisiten für die Fotoproduktion zur Verfügung gestellt haben.

Haftungsausschluss

Die Inhalte dieses Buches sind sorgfältig recherchiert und erarbeitet worden. Dennoch kann weder der Autor noch der Verlag für die Angaben in diesem Buch eine Haftung übernehmen.

Ein Hinweis in eigener Sache

Unsere Rezepte werden von erfahrenen Fachautoren kreiert und erprobt. Wir freuen uns jedoch über Anregungen, Tipps oder Kritik und helfen bei Fragen gern weiter. Bitte wenden Sie sich an: Weltbild Buchverlag, Steinerne Furt 67, 86167 Augsburg, oder schicken Sie uns eine E-Mail an: gabriele.beck@weltbild.de

Impressum

Weltbild Buchverlag
– Originalausgaben –

2. Auflage 2004

Projektleitung: Dr. Ulrike Strerath-Bolz
Redaktion: Dorothea Steinbacher
Bildredaktion: Susanne Allende
Umschlaggestaltung: X-design, München
Layout: Greenstuff, München
Satz: KL-Grafik, München
Reproduktion: Point of Media GmbH, Augsburg
Druck und Bindung: Offizin Andersen Nexö Leipzig GmbH, Spenglerallee 26–30, 04442 Zwenkau

Gedruckt auf chlorfrei gebleichtem Papier
Printed in Germany

ISBN 3-89604-833-3

Alle Rezepte von A bis Z

A

Asiatische Spargelsuppe mit Huhn 36

B

Bunte Blattsalate mit Spargel 40
Bunter Spargeltopf 30
Buntes Fischragout mit Sahnesauce 55

C

Couscous mit Spargel-Pilz-Gemüse 65
Cremesuppe mit Spargel 33

E

Eierfleckerl 60
Eierkuchenröllchen mit Spargel 18

F

Frühlingsgemüse 48
Frühlingsminestrone 32

G

Gebratener Zander 54
Gefüllte Brötchen mit Spargelcreme 21
Geschnetzeltes mit Zitronensauce 53
Goldwürfel 61
Großes Spargelessen mit Fleisch 52
Grüner Spargelsalat mit Eiern 42
Grüner Stangenspargel zu Fisch 54

H

Heiße Spargelsauce 49
Holländische Sauce 59

K

Kalte Spargelsauce 49
Kartoffelpuffer 61
Kleine Spargelstrudel 68

L

Lachsforellen aus dem Ofen 55
Lachsmousse mit Wildspargel 27
Leichte Spargelpizza 68

M

Malteser Sauce 59
Marinierter Spargel mit Garnelen 28

P

Pfefferhähnchen mit Petersilienspargel 76
Piccalilli-Sauce 59

R

Reisnudeln mit Wildspargel 74
Reissalat mit Spargel 43
Rote Spargelsuppe mit Speck 34
Rühreier mit Spargel und Kräutern 21

S

Sauce Hollandaise 59
Sauce Mousseline 59
Scharfe Spargelsuppe mit Kokoscreme 35
Scharfer Spargel mit Rind 74
Schaumomeletts mit Spargelgemüse 50
Schnittlauchsauce 59
Schnitzel mit Weinsauce 53
Schweinegulasch mit Spargel 39
Spargel mit Basilikumsauce 46
Spargel mit Kartoffeln und Kräutercreme 70
Spargel mit Käsesauce 56
Spargel mit Kräuterdip 56
Spargel mit Makkaroni, Speck und Ei 72
Spargel mit Ravioli 62
Spargel mit Rinderfilet und Orangensauce 77
Spargel mit Semmelbröseln und Ei 70
Spargelauflauf mit Schinken und Käse 66
Spargelcarpaccio mit Parmesan 24
Spargel-Crostini 22
Spargelessen mit Fleisch, Großes 52

Spargelflans mit bunter Kerbelsauce 26
Spargel-Frittata 20
Spargelgemüse mit Zuckerschoten und Grünkern 45
Spargel-Kräuter-Salat mit Knusperkäsebrot 44
Spargel-Kräuter-Tempura 75
Spargelkuchen mit Lauchzwiebeln 29
Spargellasagne 67
Spargelpizza, Leichte 68
Spargelquiche 71
Spargelrisotto 64
Spargelröllchen mit Lachs 24
Spargelsalat mit Honigdressing 42
Spargelsauce, Heiße 49
Spargelsauce, Kalte 49
Spargelstrudel, Kleine 68
Spargelsuppe mit Maisgrieß 33
Spargeltaschen 69
Spargeltopf mit Basmatireis und Filet 38
Spargeltörtchen 23
Stampfkartoffeln mit Spargelspitzen 46
Stangenspargel im Schinkenmantel 72
Stangenspargel mit Saucen 58
Stangenspargel mit traditionellen Beilagen 60
Stangenspargel zu Fisch, Grüner 54
Stangenspargel, Weißer 52
Strübli 61

W

Weißer Stangenspargel 52

Verwendete Abkürzungen

EL = Esslöffel
TL = Teelöffel
kg = Kilogramm
g = Gramm
l = Liter
cl = Zentiliter
ml = Milliliter
cm = Zentimeter
Msp. = Messerspitze
gem. = gemahlen
ger. = gerieben
geh. = gehäuft
gestr. = gestrichen
TK = Tiefkühlware
Ø = Durchmesser
kcal = Kilokalorien
kJ = Kilojoule